V&R

Ursula Baatz

Achtsamkeit: Der Boom
Hintergründe, Perspektiven, Praktiken

Vandenhoeck & Ruprecht

Bibliografische Information der Deutschen Nationalbibliothek:
Die Deutsche Nationalbibliothek verzeichnet diese Publikation in der Deutschen Nationalbibliografie; detaillierte bibliografische Daten sind im Internet über https://dnb.de abrufbar.

Umschlagabbildung: Paul Klee, Sonnenuntergang, 1930/agk-images

Satz: SchwabScantechnik, Göttingen
Druck und Bindung: ⊕ Hubert und Co. BuchPartner, Göttingen
Printed in the EU

Vandenhoeck & Ruprecht Verlage | www.vandenhoeck-ruprecht-verlage.com

ISBN 978-3-525-45920-1

Inhalt

1 Einführung

1.1 Atemlose Arbeitswelt

Es war vor Jahren in Thailand. Auf der Fähre zur Insel Koh Chang hatte ich ein nettes junges Paar kennengelernt, sie Französin, er Thai, zwei nette Hippies. Gemeinsam machten wir uns auf die Suche nach einer passenden Unterkunft. Die Insel war weitgehend autofrei, wir mussten uns also zu Fuß auf den Weg machen. Vom Rucksack beschwert, blieb ich zunehmend zurück. Der junge Thai bot an, mein Gepäck zu tragen, was ich gern annahm. Nach einer Weile fanden wir einen netten Ort am Strand. Er stellte meinen Rucksack ab, und ich dachte, dass er sofort beginnen würde, wegen der Unterkünfte zu verhandeln. Doch stattdessen legte er sich eine ganze Weile auf eine Bank in die Sonne, um sich von der Anstrengung zu erholen. Ich merkte, wie ich unruhig wurde - wie konnte er bloß jetzt eine Pause machen? Und so lang?

Der Bungalow, den er für mich organisierte, lag direkt am Meer. Ich konnte vor der Tür sitzen und den Wellen des Golfs von Thailand zusehen, die kamen und gingen, eine Welle lief den Strand hoch, verebbte, dann kam die nächste, sie überschnitten einander in komplexen Mustern, und aus dem Wechsel von Mehr und Weniger, Überschäumendem und Verschwindendem, Kommen und Gehen und den Pausen dazwischen ergab sich ein Rhythmus.

Sich entspannen und wieder anspannen, im Rhythmus, den der Körper vorgibt. Statt loszurennen mit verspanntem Rücken, hatte der junge Mann zunächst pausiert, durchgeatmet, die Spannung losgelassen und sich gesammelt, bevor er zur nächsten Aktivität überging. Ich dagegen machte kaum je Pausen und bemühte mich, so rasch wie möglich von einer Aktivität zur nächsten überzugehen. Pausen machen verboten.

Meine Freundin Anna erzählte mir, dass sie als Studentin einen Sommer lang in einer Schokoladenfabrik am Fließband stand. Sie musste die silbrig und goldgelb verpackten Schokoladenkugeln in Schachteln einordnen. Das Fließband war so eingestellt, dass es bei hoher Konzentration gerade gelang, die Schachtel fertig zu befüllen, bevor die nächste kam. Niemand konnte daher eine Pause machen, nicht mal, um auf die Toilette zu gehen, denn dazu hätte das Fließband abgestellt werden müssen. Und das ging natürlich nicht. Anna war heilfroh, nach diesem Sommerjob zu ihrem Studium zurückzukehren, wo sie ihre Zeit selbst einteilen konnte.

Das Fließband in der Schokoladenfabrik hat eine lange Ahnenreihe. Getaktete Arbeit wurde erstmals um 1900 eingeführt und seither perfektioniert. Zunächst wurden die notwendigen Arbeitsschritte in kleine Einheiten zerlegt und in ein Zeitraster gebracht, an das sich die Arbeitenden anpassen mussten, wodurch sich auch die Arbeitsleistung genau kontrollieren ließ. Durch die Digitalisierung veränderte sich dies nochmal. Die Leistung – der »Output« – kann nun auch ohne Fließband getaktet und kontrolliert werden, etwa von Lagerarbeitern bei Amazon oder bei dem britischen Lebensmitteldiscounter Tesco durch elektronische Tags. Auch die Anwesenheit am Schreibtisch lässt sich kontrollieren – nicht nur im Büro, auch im Home-Office.

Allerdings lassen sich viele Berufe, vor allem im Sozialbereich, nicht so einfach takten. Doch auch bei diesen gibt es seit etwa zwei Jahrzehnten strikte Zeitvorgaben: wie lang es dauern darf, eine Patientin zu waschen, zu füttern, wenn sie nicht mehr selbst essen kann, sie umzubetten etc.

Nora ist Krankenschwester in einem großen Krankenhaus. Ihr Dienst ist unregelmäßig. Sie liebt ihren Beruf, die Arbeit mit den Patienten, doch ist seit einigen Jahren eine umfassende Dokumentation ihrer Tätigkeit vorgeschrieben, die sehr viel Zeit verschlingt. Zudem wurde das Personal verringert, weswegen Nora nun mehr Patienten als zuvor betreuen muss. Eine Bekannte hat ihr geraten, einen Achtsamkeitskurs zu besuchen, um mit dem Stress besser umgehen zu können. In diesem Acht-Wochen-Kurs hat sie gelernt, sich etwas von der Hektik ihres

Berufs zu distanzieren, auch wenn der alltägliche Druck im Krankenhaus manchmal sehr heftig ist, die Dokumentationen viel Zeit in Anspruch nehmen und oft während der Pausen erledigt werden müssen.

In der getakteten Arbeitswelt sind Pausen von außen vorgegeben. Die biologischen Notwendigkeiten müssen sich in diesen Takt einfügen oder ausgeblendet werden. Könnte man den Arbeitsrhythmus selbst bestimmen, wäre alles viel besser – so dachten viele vor zwanzig oder dreißig Jahren. Das Management nahm sich diese Vorschläge aus den 1970er und 1980er Jahren zu Herzen und gestaltete Arbeitsplätze anders – mit mehr Selbstständigkeit bei der Arbeitsgestaltung und mit größerer Flexibilität. Auch eine flexible Arbeitssituation kann Stress bereiten. Längere Arbeitspausen plus darauffolgende Intensivbeanspruchung – als »Flexibilität« bezeichnet – können das gesamte übrige Leben durcheinanderbringen.

Thomas hatte schon während des Studiums mehrere unbezahlte Praktika bei Firmen absolviert. Nach Abschluss des Betriebswirtschaftsstudiums bekam er rasch eine Stelle, musste sich aber damit abfinden, dass diese befristet war. Danach war er eine Weile ohne festen Job. Es war Sommer, und viele seiner Freundinnen und Freunde beneideten ihn um die freie Zeit, die er im Schwimmbad verbringen konnte. Dann fand er einen weiteren temporären Job, der ihm Spaß machte, aber sehr fordernd war. Schließlich machte er sich als Berater selbstständig und war darin auch erfolgreich. Jedoch hatte er nach mehreren Jahren ein Burn-out, das ihn in eine Burn-out-Klinik brachte. Sein Umfeld war verwundert, hatte es Thomas doch immer gut gelaunt und mit einem sehr lockeren Zeitkorsett erlebt. Manche waren sogar etwas neidisch gewesen, wenn sie nach einem Fest frühmorgens wieder zur Arbeit mussten und Thomas, der sich die Zeit selbst einteilen konnte, ausschlief. In seinem Berufsleben hatte Thomas oft freie Zeit – doch war sie nicht selbst bestimmt. Auch war er beständig bemüht, sich neue Arbeitsfelder zu erarbeiten, an seiner persönlichen Haltung gegenüber Klienten zu feilen und sich selbst zu optimieren. Die Zeit, die er im Schwimmbad verbrachte, war nur aus der Sicht jener entspannt, die in geregelte Arbeitsprozesse eingespannt waren. Thomas' Gedanken jedoch kreisten trotz Sonne und Wasser um Arbeit – ob er eine neue Stelle finden würde, wie lange er diese behalten könnte, ob er gut genug in seiner neuen Position sein würde, die gestellten Aufgaben zur Zufriedenheit der Kundinnen[1] erfüllen könnte usw. Die aufpoppenden Nachrichten auf dem Mobiltelefon und in den sozialen Medien, bei denen sich Arbeit und Privatleben mischten, beanspruchten seine Aufmerksamkeit und ließen ihn nicht zur Ruhe kommen. Bei seinem Aufenthalt in der Klinik lernte Thomas Übungen, die ihm helfen sollten, achtsamer mit seiner Aufmerksamkeit und seiner Lebenszeit umzugehen, auch nach dem Aufenthalt in der Burn-out-Klinik bei der Rückkehr in die Arbeitswelt.

1.2 Ein kurzer Überblick

Viele Arbeits- und Lebensprobleme, die Menschen wie Anna, Nora und Thomas bewegen und gelegentlich zur Verzweiflung treiben, sind »stressig« – eine Abfolge von kleinsten, kleinen und größeren Katastrophen, die alle zusammen das Leben schwierig machen. »Full Catastrophe Living« heißt das Buch von Jon Kabat-Zinn, das 1990 erstmals erschien und das Achtsamkeit – eine Praxis aus dem Buddhismus – als Heilmittel gegen Stress propagierte. In den folgenden Jahrzehnten wurde Achtsamkeit zu einer Art Zauberwort für Hilfe in allen Lebenslagen – und gleichzeitig ein Industriezweig, dessen Umsätze in Milliardenhöhe liegen. 2020 nutzten etwa mehr als 60 Millionen Menschen in 190 Ländern die Achtsamkeits-App »Headspace«[2], und große Unternehmen wie Google oder auch Bosch bieten Achtsamkeitskurse zur Prophylaxe gegen Stress und Burn-out an.

Der Beginn des Achtsamkeitsbooms fällt in die 2000er Jahre: Aufstieg und Fall der Dotcom-Ökonomie, Terroranschläge in New York, Madrid und Mumbai, Kriege im Irak und Afghanistan, der Aufstieg Chinas zur wirtschaftlichen Großmacht, Immobilienblase, Bankenkrach und internationale Finanzkrisen, die Macht sozialer Netzwerke und international zunehmende soziale Ungleichheiten – Tendenzen, die sich in den Zehnerjahren des 21. Jahrhunderts fortsetzen. Seit

1 Es werden mal im freien Wechsel weibliche und männliche Formen verwendet, mal beide Formen genannt.

2 https://jacobin.de/artikel/mindfulness-achtsamkeit-meditation-apps-headspace-netflix/ (Zugriff am 05.11.2021).

den Nullerjahren des 21. Jahrhunderts ist auch ein durch quantitative Studien belegter deutlicher Anstieg von Stress und Burn-out zu verzeichnen und ebenso eine verstärkte gesellschaftliche Diskussion darüber (Neckel u. Wagner, 2013). Dass Stress und Burn-out mit der Situation am Arbeitsplatz zu tun haben, wird 2019 durch die Aufnahme von Burn-out in der ICD (International Statistical Classification of Diseases and Related Health Problems) festgeschrieben, der international gültigen Klassifikation von Krankheiten, an der sich Ärzte und Krankenhäuser weltweit für die Diagnosestellung orientieren.

Der Boom von Achtsamkeit in den Industriestaaten des Nordens ist nicht zu trennen von sozialen und ökonomischen Veränderungen und der Geschichte der Arbeitswelt. Den globalen Süden als Zulieferer für die »imperiale Lebensweise« (Brand u. Wisser, 2017) des Nordens betreffen die Veränderungen in anderer Form und unter anderen Voraussetzungen. Interessentinnen und Interessenten für Achtsamkeitspraktiken finden sich hier am ehesten in der Mittelschicht (McMahan, 2012).

Auch wenn die physiologischen Mechanismen von Stress und Stressbewältigung bei Menschen jeder Herkunft ziemlich dieselben sind – die Lebensbedingungen, die Stress auslösen, sind es nicht. Stress betrifft Arbeitslose oder CEOs im globalen Norden genauso wie Geflüchtete aus dem globalen Süden, die es in eines der europäischen Auffanglager geschafft haben. Eine Frau, die in einem der riesigen Flüchtlingscamps in der Türkei, Jordanien oder im subsaharischen Afrika lebt (dort befinden sich laut UNHCR[3] 26 Prozent der Flüchtlinge weltweit) oder auch in einem der Slums in lateinamerikanischen, asiatischen oder afrikanischen Millionenstädten, ist in einer grundlegend anderen Situation als eine Frau in einer Klein- oder Großstadt der Industriestaaten der nördlichen Halbkugel. Dass sich der Blick dieses Buches auf die Situation des globalen Nordens richtet, liegt auch daran, dass seit Beginn der Industrialisierung vor allem die Perspektiven und Entscheidungen der nördlichen Hemisphäre die Entwicklung des Planeten insgesamt bestimmt haben.

3 Hoher Flüchtlingskommissar der Vereinten Nationen; Amt der Vereinten Nationen (UN), das mit dem Schutz von Flüchtlingen und Staatenlosen beauftragt ist.

In den von mir begleiteten Achtsamkeitskursen war es berührend, immer wieder zu erleben, dass eigentlich einfache Übungen Menschen in schwierigen Lebenssituationen helfen konnten. Doch merkte ich auch, dass es für viele schwierig war, Achtsamkeit von der im Berufsleben geforderten Aufmerksamkeit oder von Selbstbeobachtung zu unterscheiden. Wieso wurde aus einer buddhistischen Praxis, kontextlos in die neoliberale Industriegesellschaft verpflanzt, eine global verbreitete kulturelle Praxis? Zudem bedeutete »Achtsamkeit« je nach Kontexten und Motivationen Unterschiedliches. Aus der Suche nach Antworten ist dieses Buch entstanden.

In einem ersten Schritt werden die verschiedenen Praktiken und Bestimmungen von Achtsamkeit einführend erkundet (Kapitel 2). Die Bedingungen, unter denen eine spezifische religiöse Praxis (»Achtsamkeit«) aus dem Buddhismus globales Interesse wecken konnte, werden in den nächsten beiden Kapiteln skizziert, die sich mit Entwicklungen des 19. und frühen 20. Jahrhunderts befassen. Die Herausbildung der modernen, an Leistung orientierten Arbeitswelt beruhte wesentlich auf der Untersuchung und Instrumentalisierung von Aufmerksamkeit zur Steigerung der Leistung. Diese Untersuchungen bildeten die Brücke zu Achtsamkeitspraktiken. »Entspannung« (aber auch »Zerstreuung«) zum Zweck späterer Leistungssteigerung ersetzte ältere Konzepte wie »Muße« und »Erholung« (Kapitel 3). Unter den Vorzeichen des Kolonialregimes hatten Buddhisten in Sri Lanka und Japan als Teil des antikolonialen Kampfes eine Modernisierung des Buddhismus eingeleitet, was die Rezeption des Buddhismus – und vor allem der Achtsamkeitspraxis – in den USA und Europa ab der zweiten Hälfte des 20. Jahrhunderts möglich machte (Kapitel 4). Die Quellen der Achtsamkeitspraxis von heute sind im frühen Buddhismus und der weiteren Entwicklung in Theravada und Mahayana (Kapitel 5) zu finden. Durch die Wiederentdeckung der Achtsamkeitspraxis auch für Laien in Burma, damals Teil des britischen Kolonialreichs, kann sich in der zweiten Hälfte des 20. Jahrhunderts eine erneuerte buddhistische Achtsamkeitspraxis entwickeln (Kapitel 6). Die traditionellen Metaphern für Achtsamkeit treten in den Hintergrund und unter dem Einfluss der modernen Naturwissenschaften entstehen neue Metaphern, die für die klinische Erforschung und Evaluierung durch Definitionen ersetzt werden. Dies verändert das Verständnis von Achtsamkeit weitgehend (Kapitel 7). Achtsamkeitsübungen werden in unterschiedlichsten Segmenten der Gesellschaft aus diversen Motivationen heraus und für verschiedenste Ziele eingesetzt, unterstützt von (nicht nur, aber auch neuro-)wissenschaftlicher Forschung (Kapitel 8). Doch unterscheiden sich Welt- und Selbstbilder von Achtsamkeitsübenden in traditionell buddhistischen Ländern von denen in Industriestaaten beträchtlich (Kapitel 9). Für die buddhistische Tradition geht es bei Achtsamkeitspraktiken um Selbstkultivierung im erkenntnismäßigen und ethischen Sinn, mit der Perspektive des Endes von Gier, Hass und (egozentrischer) Verblendung, buddhistisch gesprochen um »Erwachen«. Für zeitgenössische Formen der Achtsamkeitspraxis geht es vielfach um ein breites Spektrum von Selbsthilfe bei Stress und Burn-out sowie um Selbstoptimierung für bessere Konzentrations- und Leistungsfähigkeit, aber auch um »Loslassen« von Fixierungen unterschiedlichster Art und ein gelingendes Leben.

Anmerkung: Buddhistische Termini werden meistens in ihrer Pali- und Sanskrit-Schreibweise angeführt. Auf Transliteration wird verzichtet, wenn es sich um Eigennamen oder eingedeutschte Worte, wie zum Beispiel »Nirwana«, handelt.

2 Achtsamkeiten

»Achtsamkeit« ist kein eindeutiger Begriff, obwohl oder besser: weil Psychologinnen, buddhistische Mönche, Lehrer, Bürochefinnen, Offiziere und viele andere »Achtsamkeit« bedeutungsvoll finden. Doch war das Wort zunächst als Terminus technicus für eine bestimmte buddhistische Meditationspraxis ein Insider-Vokabel und bis in die 1970er Jahre selbst in buddhistischen Zirkeln meist nur den wenigen bekannt, die sich intensiver mit Meditationspraktiken befassten. Mit Thich Nhat Hanhs Buch »The Miracle of Mindfulness«, erschienen erstmals 1976, seither immer wieder neu aufgelegt und in viele Sprachen, darunter auch ins Spanische, Chinesische und auf Hindi übersetzt, wird »achtsam« bzw. »mindful« einem breiten Publikum bekannt.[4]

2.1 Ellen Langer

Eine der Ersten, die sich bereits Ende der 1970er Jahre außerhalb kleiner buddhistischer Zirkel mit dem Thema Achtsamkeit befasste, war die Soziologin Ellen Langer, die »mother of mindfulness«[5], wie sie genannt wird. Ihr Interesse galt dem Zusammenhang von Geist bzw. Bewusstsein und Körper. In ihrem berühmtesten, wenngleich nicht unumstrittenen Experiment »Counterclockwise« aus dem Jahr 1979 (Alexander u. Langer, 1990) versetzte sie eine Gruppe achtzigjähriger Männer an einem abgeschiedenen Ort eine Woche lang in die Welt ihrer Jugend – mit Filmen, Musik, der Einrichtung des Hauses usw. Das Ergebnis war überraschend: Bei den nachfolgenden kognitiven und körperlichen Tests zeigten sich deutliche Verbesserungen, und

4 Zu Thich Nhat Hanh (1926–2022) siehe Kapitel 6.5.
5 So auf der inzwischen inaktiven Website Dr. John Grohol's PsychCentral.

einer der Männer, der bisher am Stock gegangen war, konnte wieder ohne Stock gehen (Feinberg, 2010).

Für eine andere Studie, die Langer gegen Ende der 1970er Jahre zusammen mit Kollegen vom Graduate Center der City University of New York durchführte, fragten die Autoren der Studie Menschen, die sich vor einem Kopiergerät angestellt hatten, ob sie sich vordrängen dürften. Ihre Begründungen waren beliebig und zum Teil sinnlos, zum Beispiel: »Darf ich das Kopiergerät benutzen, weil ich in Eile bin?« oder »Darf ich das Kopiergerät benutzen, weil ich Kopien machen will?« Das Ergebnis: Die Probanden, also die Wartenden vor dem Kopiergerät, waren eher bereit, jemanden vorzulassen, wenn die Person einen Grund angab – ob der Grund vernünftig oder eher lächerlich war, spielte keine Rolle. Langers Schlussfolgerung: Die Leute reagierten mehr auf den vertrauten Rahmen einer Anfrage als auf den eigentlichen Inhalt. Sie reagierten achtlos oder, genauer gesagt, im Autopilot-Modus, automatisch. Doch gab es natürlich Grenzen auch für den Autopilot-Modus, wenn die Begründung zu absurd war (»weil ein Elefant hinter mir her ist«).

Wer unachtsam ist, verlässt sich zu sehr auf »categories and distinctions made in the past, […] automatic behaviour and acting from a single perspective« (Langer, 1989/2015, S. 11 f.). Wiederholungen, voreilige kognitive Festlegungen, Annahme von beschränkten Ressourcen, die Vorstellung einer linearen Zeit und Ergebnisorientierung (S. 42 f.) gehören zu den Fallen der Unachtsamkeit. Schlüsselqualitäten eines achtsamen Zustands sind Offenheit für die Situation, Kontext- und Prozessorientierung, »creation of new categories«, »openness to new information«, »awareness to more than one perspective« (S. 65).

Für Ellen Langer bedeutet Achtsamkeit vorrangig eine sozialkognitive Kompetenz, deren Gegenteil der Modus Autopilot ist. Dieser ursprünglich aus der Schifffahrt und Aviation stammende Begriff taucht mittlerweile nicht nur bei Langer, sondern auch in vielen anderen Veröffentlichungen zu Achtsamkeit auf. Aus technischer Sicht bedeutet Autopilot: reagieren auf Veränderungen einer Situation auf Basis eines schon vorgegebenen Programms. Menschen handeln »im Autopilot«, wenn sie gewohnte Verhaltensweisen weiterverfolgen, auch wenn diese der Situation nicht angemessen sind. Dahinter können sich verschiedene psychische Konstellationen verbergen, Traumata etwa, aber auch ganz einfach mangelnde Präsenz, mangelnde Achtsamkeit.

2.2 Achtsamkeitspraktiken

Die meisten heute kursierenden Auffassungen von Achtsamkeit beziehen sich auf MBSR, Mindfulness Based Stress Reduction, Achtsamkeitsbasierte Stressreduktion. In den 1980er Jahren führte der studierte Molekularbiologe Jon Kabat-Zinn an der University of Massachusetts Medical School mit Schmerzpatienten Achtsamkeitsübungen durch und entwickelte daraus ein Curriculum, das er 1990 in dem Buch »Full Catastrophe Living. How to Cope with Stress, Pain and Illness Using Mindfulness Meditation« veröffentlichte. MBSR ist ein Hybrid aus Neuropsychologie und buddhistischer Meditation, wobei jedoch die buddhistische Perspektive in den Hintergrund tritt. Achtsamkeit ist nach Kabat-Zinn »the awareness that emerges through paying attention on purpose in the present moment and non-judgmentally for the unfolding of experience« (Kabat-Zinn, 2003, S. 145).

Die neurowissenschaftliche Forschung interessiert sich seit etwa zwanzig Jahren für Meditation (Ott, 2010) und im Besonderen für »Achtsamkeit«, doch bleibt der Begriff vieldeutig. Achtsamkeit im Forschungskontext kann bedeuten: psychischer Prozess, Ergebnis eines Übungsprozesses oder Ensemble bestimmter Methoden (Goleman u. Davidson, 2017). Die Unbestimmtheit nimmt zu, sobald nach der Motivation für Achtsamkeitsübungen gefragt wird. Achtsamkeit kann zum Beispiel aus einer buddhistischen oder spirituellen Motivation geübt werden, als Unterstützung oder Methode in der Psychotherapie oder als *Tool*, das nützlich für Management, Pädagogik oder Militär ist, usw. Mit anderen Worten, Achtsamkeit scheint eine Art Chamäleon zu sein, anpassbar an unterschiedlichste Kontexte und von unterschiedlichsten Personen nutzbar.

Manche – wie etwa Jon Kabat-Zinn – hoffen, dass Achtsamkeit »uns selbst und die Welt heilen« kann (Kabat-Zinn, 2005) und zu einer sozialen Bewegung führt, die gesellschaftlich revolutionäres Potenzial besitzt (Wilson, 2014). Die Vorstellung einer »Achtsamkeitsrevolution« (Boyce, 2011) wird gern von Achtsamkeitslehrenden unterstützt: Wenn genügend Menschen Achtsamkeit übten, könnte die Gesellschaft von Materialismus, Egoismus, Ausbeutung der Natur, Konkurrenzdenken, Zwängen und Frustrationen geheilt werden (z. B. Kotsou u. Lesire, 2018).

Bei genauerem Hinsehen sind aber die Unterschiede zwischen den einzelnen Achtsamkeitsakteurinnen und -akteursgruppen zu groß, um von einer sozialen oder gar revolutionären Bewegung sprechen zu können (Schmidt, 2020). Kriterien für eine soziale Bewegung (Della Porta u. Diani, 2011, S. 20 ff.) wären unter anderem eine einheitliche kollektive Identität bzw. eine einheitliche Gegnerschaft. Im Fall der »Achtsamkeitsbewegung« lässt sich nicht einmal für das Konzept »Achtsamkeit« eine einheitliche Bestimmung festhalten. Zwar gibt es Gegnerschaft, doch kommen die Gegner aus verschiedenen Lagern. In den USA möchten konservative und christlich-fundamentalistische Kreise verhindern, dass Yoga und Achtsamkeitspraktiken in öffentlichen Schulen implementiert werden (Brown, 2019). Dies widerspreche der Trennung von Kirche und Staat, da Yoga und Achtsamkeit religiöse Praktiken seien. Buddhistische, aber auch gesellschaftskritische Kreise kritisieren, dass es sich um eine spätkapitalistische Selbstoptimierungspraxis (zuletzt Purser, 2019) oder gar eine Verstärkung der neoliberalen Ideologie und Flucht vor sozialer Verantwortung (Žižek, 2006; Arthingthon, 2016) handle.

Schmidt (2020) schlägt daher vor, von Achtsamkeit nicht als Bewegung, sondern als kultureller Praxis zu sprechen. Unter »kultureller Praxis« werden hier nach Reckwitz (2008) meditative Übungspraktiken verstanden, die einander ähnlich sind, aber die in unterschiedlichen Kontexten lokalisiert und mit jeweils unterschiedlichem impliziten Hintergrundwissen und impliziten Motivationen. Gemeinsam ist allen Praktiken, so verschieden sie sind, die körperliche Performanz, dass also der Körper der Ort der Übung ist und dass die Übung darauf abzielt, im Alltag – außerhalb des Übungskontextes – angewendet zu werden (siehe Kapitel 2.3)

2.3 Drei Beispiele für Achtsamkeitsübungen

Dies soll anhand dreier Beispiele verdeutlicht werden. Bei dem Retreat nach Goenka bildet eine bestimmte Interpretation des Theravada-Buddhismus das implizite Hintergrundwissen, das Retreat nach Thich Nhat Hanh ist in den Mahayana-Buddhismus, genauer den vietnamesischen Thiền-Buddhismus[6], eingebettet, und die Achtsamkeitspraxis MBSR, Mindfulness Based Stress Reduction nach Kabat-Zinn in der Klinik oder auch im Arbeitsalltag der Industriegesellschaft lokalisiert.

2.3.1 Retreat nach S. N. Goenka

Eine der weltweit verbreiteten Achtsamkeitspraktiken folgt den Vorgaben von S. N. Goenka (1924–2013). An rund 300 Orten kann man an Zehn-Tage-Retreats nach Goenka teilnehmen, wobei rund 170 dieser Zentren ausschließlich Goenka-Retreats anbieten. Männer und Frauen üben strikt getrennt, und es herrscht durchgehend Schweigen. Die Übungszeit beginnt um 4.30 Uhr und endet um 22 Uhr, wobei etwa zehn Stunden mit formeller Meditationspraxis verbracht werden. Vor dem Kurs müssen die Teilnehmenden einen Fragebogen ausfüllen und sich mit den Regeln vertraut machen, wie eine Kursteilnehmerin im Internet schildert: »Jede Form der Kommunikation zwischen den Kursteilnehmerinnen – einschließlich Körpersprache, Augenkontakt und schriftliche Nachrichten – sowie jeglicher Kontakt zur ›Außenwelt‹ ist bis zum 10. Tag des Kurses verboten. Außerdem sollen wir auf jede Form der sinnlichen oder intellektuellen Unterhaltung verzichten, also etwa lesen, Musik hören, schreiben oder – natürlich – im Internet surfen. Damit uns diese schwierige Aufgabe leichter fällt, übergeben wir alle Bücher, Schreibmaterialien, Handys, Notebooks sowie etwaige andere elektronische Geräte den Koordinatoren. Die Freiwilligen verstauen die potentiellen Ablenkungs- und Zerstreuungs-Werkzeuge an einem uns unbekannten Ort.«[7]

---

6 Chinesisch Ch'an 禪, japanisch Zen 禅, koreanisch Seon 선, vietnamesisch Thiền: eine Richtung des Mahayana-Buddhismus, die in Europa und den USA besser als »Zen-Buddhismus« bekannt ist.

7 https://roadheart.com/alles-rund-um-das-10-tage-vipassana-retreat/ (Zugriff am 06.11.2021).

Sport und Yoga sind in den Pausen nicht erwünscht; alle nicht lebensnotwendigen Medikamente sollen abgesetzt werden. Die letzte Mahlzeit gibt es um 12 Uhr, abends versammeln sich alle zu einem eineinhalbstündigen Video- oder Audio-Vortrag von S. N. Goenka. Assistenzlehrer und -lehrerinnen stehen für technische und andere Unterstützung bereit, etwa auch für Gespräche. Nach eigenem Anspruch lehrt Goenka das, was Buddha Shakyamuni ursprünglich lehrte – nicht Buddhismus, sondern »die Kunst des Lebens«.

Die Hauptübung besteht im sogenannten »Body Sweeping«. Eine Teilnehmerin beschreibt: »Bei der Technik scannt man den eigenen Körper von oben nach unten. Man beobachtet Stück für Stück die Empfindungen in jedem einzelnen Körperteil. Ist man dann einmal damit durch, beginnt man wieder von vorn. Spürt in jeden kleinsten Teil des Körpers hinein und schaut, was für Empfindungen auftauchen.«[8] Der Sinn der Übung sei, zu erkennen, dass alles vergänglich ist, es nichts Beständiges gibt, sich alles im Wandel befindet.

Nach Abschluss des zehntägigen Kurses soll man sich verpflichten, täglich zwei Stunden zu üben. Möchte man weiterführende Kurse im Stil Goenkas besuchen, so darf man in der Zwischenzeit nicht an Kursen oder Retreats anderer Lehrer und Lehrerinnen teilnehmen.

2.3.2 Retreat in Plum Village nach Thich Nhat Hanh

Eine ebenfalls international verbreitete Achtsamkeitspraxis basiert auf den Lehren des vietnamesischen Mönchs und Zen-(Thiền-) Lehrers Thich Nhat Hanh. Ausgehend von dem 1982 gegründeten Zentrum Plum Village in Südfrankreich gibt es heute weltweit 1500 Gruppen und acht Praxiszentren in der Tradition von Plum Village. In Plum Village selbst leben dauerhaft rund einhundert Mönche und Nonnen. Tausende Menschen kommen im Laufe des Jahres, um eine Woche oder länger mit den Nonnen und Mönchen zu leben oder an dem vierwöchigen Retreat im Sommer teilzunehmen, bei dem es eigene Programme für Kinder und Jugendliche gibt. Ein neunzigtägiges Retreat steht Mönchen und Laien offen.

---

8 https://roadheart.com/alles-rund-um-das-10-tage-vipassana-retreat/ (Zugriff am 06.11.2021).

Die Übungsformen folgen der vietnamesischen Zen-Tradition[9] und umfassen unter anderem Gehmeditation und Meditation im Sitzen sowie Arbeit in Küche und Garten. Zeremonien und Rituale, aber auch innovative Formen wie gemeinsames Musizieren oder die »Glocke der Achtsamkeit« unterstützen die Übung. Wenn die »Glocke der Achtsamkeit« erklingt, halten alle inne, egal was sie gerade tun, und achten auf den Atem. Ein junger, neu angekommener Teilnehmer berichtet von seinem ersten Eindruck beim Erklingen der Glocke: »Es sieht so aus, als ob man bei einem Video die Pausentaste drückt. ›Was ist denn jetzt schon wieder los?!‹, denkt mein Kopf genervt. Die Glocke der Achtsamkeit […]. Der Gong verklingt. Das Leben geht weiter«[10].

Der Tagesablauf beginnt um 5.15 Uhr und endet um 21.30 Uhr. Achtsamkeit wird in allen Aktivitäten gelebt: Sitzmeditation und Gehmeditation, Arbeit, Dharma-Vorträge und Gespräche, gemeinsames Teetrinken, aber auch sportliche Betätigung füllen den Tag. Männer und Frauen wohnen getrennt, aber verbringen den Tag gemeinsam. Langzeitpaare können zusammenwohnen. Gemeinschaft wird großgeschrieben im Kloster – jede und jeder sucht sich eine »Dharma sharing family«, die auch gewechselt werden kann, als Basis für gemeinsames Üben und gemeinsame Aktivitäten. Bei den drei täglichen Mahlzeiten gibt es veganes Essen; Alkohol, Nikotin und Fleisch sind verboten.

Durch Achtsamkeit könne man tief erkennen, dass alles miteinander verbunden und voneinander abhängig ist *(interbeing)*, und dies im Alltag umsetzen. Wie man glücklich werden und bleiben kann – dies ist eine wichtige Frage in Plum Village, wie ein Besucher beobachtete. Nach zwei Wochen resümiert er: »Als ich ging, fühlte ich mich konzentrierter, achtsamer, friedlicher und mitfühlender als je zuvor in meinem Leben. Ich ging mit einem gesteigerten Bewusstsein für meine eigenen Gewohnheiten und Muster und somit mit der Kraft, diejenigen zu ändern, die nicht zu mir passten. Ich ging auch mit einer neuen Art der Beziehung zu mir selbst, zu anderen

9 Korrekt müsste es heißen *Thiền*-Tradition (siehe Fußnote 6).
10 https://dominikswelt.de/kloster (Zugriff am 08.11.2021).

um mich herum und zur Welt im Allgemeinen.«[11] Nun verstehe er, warum viele immer wieder nach Plum Village zurückkommen: weil dauerhafte Veränderung nur durch Übung zu erreichen ist.

2.3.3 MBSR: Achtsamkeit nach Jon Kabat-Zinn

MBSR (Mindfulness Based Stress Reduction/Achtsamkeitsbasierte Stressreduktion) ist ein Acht-Wochen-Curriculum, ein Lehrplan, der aus der Erfahrung von Jon Kabat-Zinn und dem Team des Center for Mindfulness an der Universitätsklinik von Massachusetts erwachsen ist. MBSR-Kurse werden heute weltweit in vielen größeren Städten angeboten, nicht nur in Europa oder Nordamerika; ebenso gibt es Online-Angebote. Global dürfte es mehrere tausend Lehrer und Lehrerinnen geben, grob geschätzt mindestens zweihundert Zentren, zudem zahlreiche Anwendungen in klinischen Kontexten und universitäre Einrichtungen, die MBSR lehren und beforschen. MBSR versteht sich als nicht-religiöse Praxis und hat das Bild von Achtsamkeit in den Industriestaaten des Nordens wesentlich geprägt.

Ein typischer MBSR-Kurs findet durch acht Wochen hindurch jeweils einmal in der Woche statt (zweieinhalb bis drei Stunden). Nach dem fünften Kursabend ist ein ganzer Tag im Schweigen mit Übungen vorgesehen. Während der acht Wochen sollten täglich zu Hause etwa 45 Minuten mit Übungen verbracht werden. Vor dem Kurs führen die Leitenden erste Gespräche mit den Teilnehmenden, um herauszufinden, was deren Anliegen und Probleme sind. Ein MBSR-Kurs erfolgt in Selbstverantwortung, und die Kursleiterin muss versuchen, den Bedürfnissen der Teilnehmenden Rechnung zu tragen, soweit dies möglich ist.

Die Acht-Wochen-Kurse sollen das Potenzial zur Selbstheilung aktivieren, den Blick auf die Situation verändern, eine Erleichterung des Lebensgefühls bringen und eine befreiende Perspektive auf Gutes im Leben eröffnen.

Am ersten Abend erforschen die Teilnehmenden an einer Rosine, was achtsame Wahrnehmung sein kann – eine Art »signature-exercise« für MBSR. Die vielfältigen Aspekte einer Rosine werden mit

11 https://chiubaka.com/travel/plum-village/ (Zugriff am 09.11.2021); https://www.servicespace.org/blog/view.php?id=22458 (Zugriff am 09.11.2021).

allen Sinnen ausprobiert – etwa wirkt die Oberfläche uneben, wenn man sie mit den Fingern berührt, aber gebirgig, berührt man sie mit den Lippen. Achtsamkeit, so wird von Anfang an deutlich, ist eine Übung der Sinne und der Öffnung neuer Räume der Erfahrung. Mit dem Bodyscan wird geübt, im Liegen den Körper wahrzunehmen, wie er vom Atem bewegt wird, und dann achtsam wahrnehmend vom linken großen Zeh bis zum Scheitel den Körper durchzuwandern. Für viele ist dies wie ein Ankommen in einem neuen Bereich, einer Dimension der Stille und Entspannung, und eine deutliche Unterbrechung der üblichen Wahrnehmungs- und Lebensgewohnheiten.

Das sogenannte »Dreieck der Achtsamkeit« – Gedanken, Körperempfindungen und Emotionen als drei Aspekte allen Erlebens – unterstützt bei formeller Übung von Atemachtsamkeit im Sitzen, aber auch in alltäglichen Situationen. Yogaübungen, achtsam ausgeführt, kommen als weitere Übungsform dazu. Allmählich stellen sich neue Erfahrungen ein – etwa genaueres Wahrnehmen von Impulsen aller Art, tieferer Genuss beim Essen oder ganz allgemein im Alltag.

Ein weiterer wichtiger Lernschritt betrifft den Einfluss, den mentale Prozesse auf körperliche Prozesse haben und umgekehrt, wobei die Achtsamkeitspraxis einen besseren Umgang mit den eigenen Emotionen, Gedanken und Stimmungen vermitteln kann.

In themenzentrierten Klein- und Großgruppengesprächen werden diese Aspekte ebenso wie der achtsame Umgang mit Stresssituationen erforscht. Dazu gehört Psychoedukation zum Thema »Stress«. Wenn die zunächst hilfreiche Reaktion in Situationen mit unerwarteten, besonderen Anforderungen zu einer chronischen Aktivierung wird, kommt es zu Automatismen im Verhalten und zu einer krankheitsaffinen Veränderung des Gesamtsystems Mensch. Für Kabat-Zinn ist daher wichtig, von der »Stressreaktion« zur »Stressaktion« zu kommen, also nicht im Autopilot-Modus zu reagieren, sondern die Situation achtsam wahrzunehmen und entsprechend zu antworten. Ziel des MBSR-Curriculums ist eine dauerhafte Veränderung der persönlichen Haltung und des Verhaltens, sodass Achtsamkeit zu einer wahrhaft menschlichen, integeren Lebensform wird (Kabat-Zinn, 2005, S. 8–11).

2.4 Achtsamkeit: eine kulturelle Praxis

Achtsamkeit erscheint bei näherer Betrachtung als Patchwork aus verschiedensten Praktiken und Motiven. Es scheint daher angemessener, von »Achtsamkeitsströmungen« zu sprechen oder, noch besser, Achtsamkeit als »kulturelle Praxis« zu charakterisieren (Schmidt, 2020, S. 77). So können die Vielschichtigkeiten und Unterschiedlichkeiten der verschiedenen Achtsamkeitspraktiken kulturtheoretisch erfasst werden als »Alltagswissen, welches in seinem Werkzeugcharakter und seiner Heterogenität keineswegs einem ganzen Kollektiv – oder auch nur einer Person – eindeutig zuzurechnen ist« (Reckwitz, 2008, S. 104).

Kulturelle Praktiken sind Handlungen, die nicht individuell oder punktuell stattfinden, sondern »im sozialen Normalfall eingebettet« sind und ein spezifisches praktisches Können erfordern. Die Handlungen folgen einer typisierten Routine und sind »sozial verstehbar« und basieren auf einem umfassenden, impliziten Hintergrundwissen, das Methodencharakter hat und zugleich interpretierbar ist (S. 110). Zu diesem »motivational-emotionalen Wissen« gehört »ein impliziter Sinn für das, ›was man eigentlich will‹, ›worum es einem geht‹. Man weiß, wohin die Praktik führen soll, was man will und was undenkbar ist« (S. 118). Im Zentrum steht körperliche Performanz, denn »eine Praktik – sei es eine der administrativen Verwaltung oder der künstlerischen Tätigkeit – ist immer als eine skillful performance von kompetenten Körpern zu verstehen« (S. 113).

Achtsamkeitsübungen sind demnach Praktiken, die auf Wissen beruhen, das meist nur implizit in Anweisungen, wie zu üben sei, weitergegeben wird. Dieses Wissen über Achtsamkeitspraktiken beruht auf unterschiedlichen, umfassenden Theoriebildungen: einerseits auf den verschiedenen buddhistischen Lehrreden und Lehrwerken, andererseits auf neuen, im nordatlantischen[12] Raum entstandenen Va-

12 Die übliche Gegenüberstellung von »West« und »Ost« soll im Folgenden möglichst vermieden werden. Sie beruht auf Klischees, die vor allem in Zeiten des Kolonialismus entstanden sind. Stattdessen können Nordamerika und Europa mit Charles Taylor als »nordatlantischer Raum« oder »nordatlantische Länder« bezeichnet werden.

rianten, die zum Teil andere theoretische Rahmenannahmen haben und für die Übung daher teilweise andere Anweisungen geben. Achtsamkeitspraktiken beziehen sich auf Formen des Körperbezugs, die in den jeweiligen Gesellschaften sozial verstehbar und normativ sind. Zur Charakteristik kultureller Praktiken gehört, dass ihr normativer Anspruch relativ zum soziokulturellen Kontext bzw. zur sozialen Einbettung ist. Wenn kulturelle Praktiken wandern, kommt es daher notwendigerweise zu Verschiebungen und Hybridbildungen, zum Beispiel durch Modernisierungsprozesse oder verschiedenste, oft lokale gesellschaftliche Veränderungen. Im Fall der Achtsamkeitspraxis sind buddhistischer Modernismus und antikolonialer Kampf, ebenso wie das Entstehen einer »modernen Arbeitswelt«, bestimmende Momente der Entwicklung diverser Praktiken.

2.4.1 Globale Kontexte

Achtsamkeit findet globales Interesse: An einem Achtsamkeitskurs im Herbst 2019 in einem christlichen Exerzitienhaus an der Peripherie von Madrid nahmen Menschen aus Europa, den USA, aus China und Taiwan teil. Zeitgenössische Achtsamkeitsströmungen sind sowohl global als auch transnational. Namhafte Protagonisten von Achtsamkeitsprojekten leben nicht in dem Land, in dem sie geboren sind, etwa Tenzin Gyatso, der 14. Dalai Lama, oder der vietnamesische Mönch und Zen-(Thiền-)Lehrer Thich Nhat Hanh, beide politische Flüchtlinge. Viele der Gruppen und Gemeinschaften, die Achtsamkeit auf ihre Fahnen geschrieben haben, sind in verschiedenen Ländern und oft auch auf verschiedenen Kontinenten vertreten, so etwa Thich Nhat Hanhs Orden »Interbeing« und seine Gemeinschaft von Plum Village; oder die Vipassana-Gruppen von S. N. Goenka. Buddhistische Klöster, in denen Achtsamkeit praktiziert wird, finden sich in Schottland, der Mongolei oder Südafrika. Die transnationale Globalisierung der Achtsamkeit wird zudem unterstützt und ermöglicht durch Bücher, Videos, CDs und vor allem durch zahlreiche einschlägige Internetseiten, fast immer in der Lingua franca der Globalisierung, Englisch. Online-Kurse und Zoom-Meetings verleihen den Akteuren der Achtsamkeitsszene globale Präsenz, wobei der Überhang von Teilnehmenden, aber auch Lehrenden aus den Staaten der nördlichen, reicheren Hemisphäre unübersehbar ist.

In Asien war und ist auch heute Achtsamkeitsmeditation – Shamata und Vipassana – eine meist klösterliche Praxis, eine lebenslange Aufgabe, die Rückzug aus dem Alltäglichen und Verzicht verlangt, aber auch Frieden und Glückseligkeit verspricht. Die Übungswege sollen zu dem befreienden Erwachen aus Gier, Hass und Verblendung führen, das heißt zu Nirwana, auch wenn die Auffassungen über Nirwana in den einzelnen buddhistischen Schulen recht verschieden sind. In Europa und Nordamerika beziehen sich Achtsamkeitspraktiken meist auf den Theravada-Buddhismus. Doch hat auch der Zen-Buddhismus großen Einfluss, in dem auch die alltägliche Arbeit als Übung gilt, und die befreiende Einsicht sich nicht nur in der Meditationshalle, sondern auch in alltäglichen Situationen einstellen kann, etwa wenn beim Laubkehren im Garten ein Steinchen gegen den Bambus knallt, wie die Geschichte von Kyogen (chinesisch Xiangyan Zhixian, gestorben 898) erzählt.[13] Eine neuere Studie der Meditationsforschung, die nach Gemeinsamkeiten der unzähligen Meditationspraktiken sucht, bestätigt, dass Zen-Praxis und Theravada-Praxis in dieselbe Kategorie von Übungsweisen fallen (Matko, Ott u. Sedlmeier, 2021).

Achtsamkeitspraktiken als globales Phänomen entwickelten sich ab den späten 1960er und in den 1970er Jahren in den USA, wie Jeff Wilson in »Mindful America« nachzeichnet (Wilson, 2014). Die Globalisierung der Achtsamkeit führt aus der monastischen Umgebung heraus und in Büros, Managementetagen, Krankenhäuser, Kasernen, Einfamilienhäuser oder Mietwohnungen. Die meisten Übenden suchen ein besseres Leben, ein freieres Lebensgefühl, ein Ende von Anspannung, Stress und Depression. Oder auch: ein besseres Gedächtnis, bessere Leistung, bessere soziale Fähigkeiten, weniger Angst, weniger Unzufriedenheit. Die Gründe für Achtsamkeitsübung sind meistens pragmatisch und auf den Lebenskontext bezogen.

2.4.2 Kurzer historischer Überblick

Achtsamkeitsmeditation – in den Lehrreden des Buddha als grundlegende Praxis beschrieben – galt vor allem in den Ländern des Theravada-Buddhismus schon länger selbst unter Mönchen nicht als selbst-

13 https://en.wikipedia.org/wiki/Xiangyan_Zhixian.

verständliche Übung[14]. Erst Ende des 19. Jahrhunderts und in der ersten Hälfte des 20. Jahrhunderts fanden eine regelrechte Wiederbelebung und Erneuerung, die Vipassana-Renaissance (Kapitel 5), statt. Zunächst von Mönchen, aber dann vor allem von Laien in Burma (heute Myanmar) getragen, verbreitete sich diese Erneuerungsbewegung Anfang der 1950er Jahre in Thailand und Sri Lanka, wohin sie der aus Deutschland stammende buddhistische Mönch Nyanaponika brachte. Nach Myanmar, Thailand und Sri Lanka brachen in den 1960er Jahren viele junge Leute auf, unter ihnen Joseph Goldstein, Jack Kornfield und Sharon Salzberg, die Vipassana ab den 1970er Jahren in die USA brachten und zu unterrichten begannen. Auch entstanden Anfang der 1970er Jahre in den USA und in Europa[15] die ersten buddhistischen Zentren – vornehmlich Zen-Zentren und tibetische Gruppen. »Achtsamkeit« (bzw. »mindfulness«) spielte hier als Terminus technicus nur eine Nebenrolle, obwohl »Präsenz im Augenblick« unter verschiedensten Namen und Formen geübt wurde. 1974 wurde die erste buddhistische Universität außerhalb Asiens gegründet, das Naropa Institute in Boulder, Colorado. Deren Gründer, Trungpa Rinpoche, ein tibetisch-buddhistischer Lehrer, inspirierte mit seinem extravaganten und kontroversen Lehrstil viele zur Übung von Präsenz in allen Situationen. In dem von ihm begründeten Shambala-Training – dem »Weg des spirituellen Kriegers« – werden neben Sitzmeditation auch Bogenschießen oder Dressurreiten zur Kultivierung von Präsenz geübt.[16] Am Naropa Institute unterrichteten unter anderem namhafte Avantgarde-Künstler wie John Cage, Anne Waldman oder Allen Ginsberg, aber auch spirituelle Lehrer wie Ram Dass, Joseph Goldstein und Jack Kornfield, und ab 1976 konnte man hier Contemplative Psychology studieren. Heute ist Contemplative Science an mehreren US-amerikanischen Universitäten ein eigenes Fach, wobei vorwiegend zu Achtsamkeit geforscht wird.

---

14 Vollordinierte buddhistische Nonnen gibt es in vielen Ländern vor allem des Theravada nicht mehr, auch wenn es monastisch lebende Frauen gibt.

15 Das »Buddhistische Haus« in Berlin-Frohnau wurde bereits 1923 von Paul Dahlke gegründet, fungierte aber erst seit Ende der 1950er Jahre als Kloster für Mönche aus Sri Lanka.

16 https://shambhala.org/about-shambhala/the-shambhala-path/shambhala-training/ (Zugriff am 11.11.2021).

Goldstein und Kornfield gründeten 1976 an der Ostküste in Barre (Massachusetts) die Insight Meditation Society, die bald zum Zentrum der Vipassana-Bewegung wurde. Ebenfalls in den 1970er Jahren wurde der vietnamesische Friedensaktivist und Zen-(Thiền-) Lehrer Thich Nhat Hanh einem breiteren Publikum bekannt. Infolge seines öffentlichen Engagements für Frieden und ein Ende des Krieges in Vietnam konnte er nach einer Reise in die USA Mitte der 1960er Jahre nicht mehr in seine Heimat zurückkehren. 1982 gründete er zusammen mit seiner Mitarbeiterin und Weggefährtin, der Nonne Chan Kong, in Südfrankreich die klösterliche Siedlung Plum Village. Die direkte Verbindung von Meditation und Alltag, die er lehrte, traf und trifft bei vielen auf Resonanz. Seine Bücher und Vorträge fanden internationale Verbreitung, und vor allem durch ihn wurde »Achtsamkeit« allmählich eine Vokabel des allgemeinen Wortschatzes. Zur Popularisierung von Achtsamkeit trug auch Tenzin Gyatso, der 14. Dalai Lama, bei. Nach seiner Flucht 1959 aus dem von der Volksrepublik China besetzten Tibet setzte er sich für die Selbstbestimmung Tibets und für eine friedliche Lösung des Konflikts ein. Der Friedensnobelpreis, den er 1989 dafür erhielt, machte ihn international bekannt und zu einem global einflussreichen buddhistischen Lehrer.

Zen-Zentren und tibetisch-buddhistische Zentren dienen in den USA (und auch in Europa) vorwiegend einer weißen, mittelständischen Bildungselite, die sich für Meditation und Achtsamkeit interessiert (Ng u. Purser, 2015). Theravada-Tempel dagegen – der erste öffnete in den USA 1971 in Los Angeles seine Pforten – versorgen Einwanderer aus verschiedenen ethnischen Gruppen aus Thailand, Myanmar, Kambodscha, Laos und Sri Lanka, bieten aber manchmal auch Vipassana-Meditation für Laien an. Der Singhalese Bhante Gunaratana, der seit 1968 in den USA lebte, begann Mitte der 1970er Jahre[17] in Washington D. C. Vipassana zu unterrichten und wurde in den 1990er Jahren unter anderem durch sein Buch »Mindfulness in Plain English« (Gunaratana, 1991; dt. 1996) zu einer der prominenten Gestalten der Meditationsszene (Seager, 2012, S. 152).

17 https://bhavanasociety.org/our-history (Zugriff am 11.11.2021).

Hollywood entdeckte Tibet und den Buddhismus Anfang der 1990er Jahre nach dem Friedensnobelpreis des Dalai Lama. Mit den Filmen »Little Buddha« (1993), »Sieben Jahre in Tibet« (1997) und »Kundun« (1997) wurde Buddhismus Teil des kulturellen Mainstreams. In den USA entstanden in den 1990er Jahren zudem buddhistische Hochglanzmagazine – »Tricycle« und die neu gestaltete »Shambala Sun« –, die in ihren ersten Ausgaben das Thema Achtsamkeit groß herausstellten, etwa durch ein Interview mit Thich Nhat Hanh.

Bis dahin hatte die Vokabel »Achtsamkeit« in der Mehrzahl der buddhistischen Traditionen in den USA – meist zen-buddhistischen und tibetischen Richtungen – kaum eine Rolle gespielt. Doch mit der zunehmenden Bekanntheit von MBSR änderte sich das. Zudem begannen sich nun bekannte Sportler – etwa der Basketball-Star Michael Jordan – für Achtsamkeitsmeditation zu interessieren, und damit wurden Meditation und Achtsamkeit auch in den Hinterhöfen bei den jungen Leuten, die Basketball spielten, zu populären Vokabeln. Schrieben in den 1980er Jahren ausschließlich buddhistische Autoren über Achtsamkeit (Wilson, 2014, S. 37), so änderte sich das in den 1990er Jahren. Bereits 1982 hatte Jon Kabat-Zinn einen ersten Artikel zu MBSR im Journal of Behavioural Medicine publiziert, sein Buch mit dem Programm von »Mindfulness Based Stress Reduction« erschien 1990. Das Thema Achtsamkeit eroberte danach auch die Ratgeberliteratur: Essverhalten, Beziehungsleben, Erziehung, Familienleben, sogar Stricken konnte nun »achtsam« geschehen (Wilson, 2014, S. 41).

Die Gründe für diese Entwicklung lassen sich nach Wilson (2014, S. 38) aus den Biografien der Babyboomer-Generation erschließen. Aus den Hippies der 1970er und 1980er Jahre wurden ab den 1990er Jahren Yuppies, die in den Suburbs lebten und nun mit Familie und Beruf eine neue Situation für ihre Übungspraxis vorfanden. Da die amerikanischen Meditationslehrer und (wenigen) Lehrerinnen zumeist selbst »Haushälter« bzw. »Haushälterinnen« waren, also nicht im monastischen Kontext lebten, lag es nahe, die Relevanz von Achtsamkeitsübungen für den Alltag zu zeigen.

Zum Boom der Ratgeberliteratur trug auch bei, dass Psychotherapeuten und Psychiaterinnen ab den 2000er Jahren begannen,

Achtsamkeit in der Therapie einzusetzen. Kabat-Zinn hatte schon seit den 1980er Jahren auf die klinische Evaluation von MBSR gesetzt und damit die Medikalisierung von Achtsamkeit eingeleitet (Wilson, 2014). Die von Mark Williams, John D. Teasdale und Zindel V. Seagal auf der Basis von MBSR entwickelte Mindfulness Based Cognitive Therapy (Seagal, Williams u. Teasdale, 2001) zur Prävention von Depressionen wurde bald vom britischen National Health Service eingesetzt. In der kognitiven Verhaltentstherapie fanden Achtsamkeitspraktiken immer mehr Beachtung, sodass man nach der Wendung zu kognitiven therapeutischen Ansätzen von einer »dritten Welle« der Verhaltenstherapie zu sprechen begann (Voderholzer, 2019). Unterstützt und beschleunigt wurde diese Entwicklung in den USA durch das staatlich geförderte Forschungsprogramm »Dekade des Gehirns« (1990–1999); in Deutschland gab es von 2000 bis 2010 ein ähnliches Programm unter dem Titel »Dekade des menschlichen Gehirns«, denn die neuen bildgebenden Verfahren boten für die neurowissenschaftliche Erforschung von Achtsamkeit neue, weitreichende Perspektiven.

Achtsamkeit war Forschungsgegenstand der Neurowissenschaften ebenso wie Werkzeug im therapeutischen Kontext und Unterstützung alltäglicher Bedürfnisse. Eigene Zeitschriften, Talkshows etc. sorgten für die mediale Präsenz und Verwertung von Achtsamkeit (Wilson, 2014, S. 42). Die Kritik der beiden Zen-Lehrer David Loy und Ronald Purser an »McMindfulness« (Loy u. Purser, 2013) wurde vor allem von traditionell buddhistisch Praktizierenden wahrgenommen. Denn die neuen Achtsamkeitspraktiken, in denen Purser (2019) einen Ausdruck kapitalistischer Spiritualität sieht, berührten auch die Übungskontexte von Nonnen, Mönchen und Laien, also Nichtmönchen. Auch wenn der Rahmen traditionell blieb, so beeinflusste die Bedeutungsverschiebung von Achtsamkeit in Richtung Medikalisierung und Therapeutisierung die Wahrnehmung und Interpretation der buddhistischen Tradition. Die deutliche Differenz zwischen traditionellen Praktiken und Auffassungen und einem naturwissenschaftlich und therapeutisch interpretierten Buddhismus warf neue Fragen nach Authentizität auf. Aber auch die Frage nach einer möglichen nötigen und weitgehenden Aufklärung des Buddhismus.

3 Aufmerksamkeit und die Konstruktion der modernen Arbeitswelt

In Europa und den USA begann man sich für den Buddhismus zeitgleich mit drei neuen Entwicklungen zu interessieren: den politischen und mentalitätsgeschichtlichen Veränderungen im Gefolge der Französischen Revolution, dem Aufstieg der Naturwissenschaften und der Industriellen Revolution. Die intellektuelle Elite interpretierte den Buddhismus im Lichte der neuen Erkenntnisse als mit der Naturwissenschaft kompatiblen Humanismus, und Buddhisten in Asien übernahmen im Kontext des antikolonialen Kampfes diese Sichtweise als authentische Selbstdarstellung. Damit ist einer der Stränge skizziert, die zur Legitimation von Achtsamkeitspraktiken als säkular und wissenschaftlich evaluierbar führen. Ein anderer, bisher nicht beachteter Strang der Rezeptionsgeschichte liegt in der Bedeutung von Aufmerksamkeit für die Industrialisierung. Auch wenn sich schon bei Aristoteles erste Bemerkungen zu »Aufmerksamkeit« finden und diese in Schriften zu Ästhetik oder Spiritualität immer wieder erwähnt wird (Assmann, 2001), ist Aufmerksamkeit erst ab dem 19. Jahrhundert ein Thema der Forschung. Physiologie und empirische Psychologie gliederten sich als neue Wissenschaften aus der Medizin bzw. der Philosophie aus, und Forscher (Frauen hatten hier bis ins 20. Jahrhundert keinen Zugang) entwickelten Methoden, die bis heute wegweisend für Psychologie und Neurowissenschaften sind.

3.1 Die Erforschung der Wahrnehmung

Am Anfang stand die Entdeckung der Elektrizität als Naturkraft. Um 1780 fand der italienische Arzt und Naturforscher Luigi Galvani durch Zufall heraus, dass Nerven Elektrizität leiten. Für seine Experimente verband er tote Frösche mit einer Elektrisiermaschine oder montierte sie bei Gewitter an einen Eisenzaun. Jedes Mal stellte er fest, dass sich durch Elektrizität die Beine des toten und sezierten Frosches wieder bewegten. Von der in den Nerven »fluktuierenden« Elektrizität, so Galvanis Schluss, hing die körperliche Lebendigkeit bei Menschen und Tieren ab.

Um 1820 beobachtete der Arzt und Physiologe Johannes Peter Müller, dass man Sternchen sieht, wenn man auf das Auge drückt, also eine optische Wahrnehmung hat, ohne dass Licht im Spiel ist. Aus diesen und anderen Beobachtungen leitete Müller, der zu den wichtigsten Forschern des frühen 19. Jahrhunderts gehört, das »Gesetz der spezifischen Sinnesenergien« (1826) ab: Die Qualität der Wahrnehmung hängt vom Sinnesorgan ab, nicht vom Reiz, Augen können nur sehen, Ohren nur hören usw. Was wir wahrnehmen, so die Überlegung, sind messbare elektrische Nervenimpulse, die nichts über die Dinge und die Welt »an sich« aussagen (Baatz, 1992). Die Entdeckung Müllers bestätigte in gewisser Weise, was Immanuel Kant schon 1787 in der »Kritik der reinen Vernunft« geschrieben hatte: Wir sehen Erscheinungen unter den Bedingungen von Raum und Zeit, aber nicht »Dinge an sich«. »[W]as die Dinge an sich sein mögen, weiß ich nicht und brauche es auch nicht zu wissen, weil mir doch niemals ein Ding anders als in der Erscheinung vorkommen kann« (Kant, 1782/2021, B 333/334).

Die Schlussfolgerung der Forscher: Wahrnehmungen von Farben, Gerüchen, Tönen usw. sind subjektiv und nicht messbar, die ihnen entsprechenden elektrischen Impulse der Nerven dagegen sind messbar und objektiv. Wie aber hing diese subjektive Innenwelt mit den Daten der objektiven, messbaren Außenwelt zusammen? Für den Mediziner Gustav Theodor Fechner (1801–1887), Professor für Physik in Leipzig, war dies eine brennende Frage. Zusammen mit seinem Lehrer, dem Physiologen Ernst Heinrich Weber (1795–1878), ebenfalls Professor an der Universität Leipzig, entwickelte er dazu eine Versuchsreihe. Das Ergebnis war eine mathematische Formel, mit deren Hilfe angegeben werden kann, welche quantitative – messbare – Veränderung des Ausgangsreizes nötig ist, um die – qualitative – persönliche Wahrnehmung zu verändern. Dieses Weber-Fechnersche Gesetz gehört bis heute zum Standardwissen der Psychologie.

Fechner ersann für das Experiment folgendes Prozedere: Die Versuchsperson hielt in der einen Hand ein Gewicht von 100 Gramm, in der anderen ein etwas schwereres Gewicht und sollte beurteilen, welches schwerer war. War das eine Gewicht 100 und das andere 101, konnte die Versuchsperson den Unterschied nicht wahrnehmen, wohl aber bei 102 Gramm; bei 300 und 302 Gramm bemerkte sie keinen Unterschied, erst bei 306 Gramm, usw. Durch eine Reihe von Selbstversuchen konnte Fechner herausfinden, dass der Unterschied, der notwendig ist, um den Unterschied zwischen zwei Reizen zu erkennen, in einem konstanten Verhältnis zum Ausgangsreiz steht, das Verhältnis sich aber je nach Art der Sinneswahrnehmung ändert. Bei einem Gewicht muss der Unterschied 1/50 des Ausgangsreizes betragen, bei Unterschieden in der Helligkeit 1/60, bei Temperaturunterschieden 1/30 und beim Geschmack 1/3, so Fechners Ergebnis. Empfindungen und Sinneswahrnehmungen, bislang qualitative »innere Vermögen«, wurden nun durch Beobachtung von außen als Reaktionen auf Reize quantitativ bestimmt.

Der Prozess der Wahrnehmung wurde dadurch formalisierbar, und spezifische Inhalte – Qualitäten, die gesehen, gehört, gerochen, gefühlt oder geschmeckt werden können – wurden zweitrangig. »If vision previously had been conceived as an experience of *qualities* (as in Goethe's optics), it is now a question of differences in quantities, of sensory experience that is stronger or weaker. But this new valuation of perception, this obliteration of the qualitative in sensation through its arithmetical homogenization, is a crucial part of modernization« (Crary, 1990, S. 147). Quantifizierung des Qualitativen ist nun das Arbeitsgebiet der neuen, modernen Psychologie als empirischer Wissenschaft, die sich nicht mehr als Teilgebiet der Philosophie versteht. 1879 gründete Wilhelm Wundt, ein Schüler Fechners, das weltweit erste Institut für Experimentelle Psychologie in Leipzig, das 1883 Universitätsinstitut wurde.

Die quantitative Bewertung (und in Folge die Homogenisierung) von Wahrnehmungsprozessen setzt ein aufmerksames Subjekt voraus. Zum Beispiel muss sich die Versuchsperson aufmerksam auf die Wahrnehmung von Unterschieden konzentrieren und diese beurteilen können. Dazu muss sie in der Lage sein, alle anderen Impulse und Reize, die zur selben Zeit auftreten mögen, auszublenden und sich auf die gerade untersuchten zu fokussieren. Jene andere Aufmerksamkeit, die mit Staunen und philosophischem Fragen, mit

Bewunderung oder Skepsis verbunden ist, wie sie Philosophen, Dichterinnen oder Mystiker schätzen und artikulieren (Assmann, 2001, S. 15–23), hat hier keinen Platz mehr. Im Fokus steht die gestellte Aufgabe, die experimentelle Anordnung. Angesichts des freien Flusses der Wahrnehmung erforderte es freilich einige Übung, Wahrnehmung und Denken durch gerichtete Aufmerksamkeit zu organisieren und zu fokussieren.

Der US-amerikanische Philosoph, Psychologe und Reformpädagoge John Dewey (1859–1952) beschreibt diese Art der auf die Aufgabe fokussierten Aufmerksamkeit mit einer Metapher aus der Optik: »Wie die Linse das gesamte einfallende Licht sammelt und es, statt ihm eine gleichmäßige Verteilung zu erlauben, in einem Punkt großer Helligkeit und Hitze konzentriert, so fokussieren wir bei der Aufmerksamkeit den Geist. Statt es über alle ihm vorliegende Elemente zu verteilen, veranlasst der Geist das Bewusstsein, sich ganz auf irgendeinen ausgewählten Punkt zu richten, der sich dann durch besonderen Glanz und Deutlichkeit auszeichnet« (Dewey, 1886, zit. nach Crary, 2002, S. 30).

Als Folge dieser neuen Sicht der Aufmerksamkeit änderten sich nicht nur die Vorstellungen, wie Wahrnehmen funktioniert, sondern auch grundlegende erkenntnistheoretische Annahmen. Seit dem 16. Jahrhundert war das geläufige Modell optischer Wahrnehmung die Camera obscura – eine Vorrichtung, bei der ein Lichtstrahl durch eine winzige Öffnung in einen verdunkelten Raum (Größe egal) eintritt. Auf der Rückwand des Raumes erscheint ein auf dem Kopf stehendes Bild dessen, was ein Betrachter im Außen sehen könnte. Künstler wie Leonardo da Vinci oder Vermeer hatten sich dieses technischen Apparats bedient, Wissenschaftler hatten die Camera obscura für optische Experimente benutzt, Schausteller auf Jahrmärkten als Attraktion angepriesen, und bei Hofe sorgte der Apparat für angeregte Gespräche. Philosophen wie René Descartes oder John Locke benutzten sie als erkenntnistheoretische Metapher für das Funktionieren des menschlichen Bewusstseins (Crary, 1990, S. 29, S. 25–66).

Die Camera obscura projiziert ein ganzes Bild des Außen in ein Innen; als philosophische Metapher betrachtet, wird damit impliziert, dass der Wahrnehmung und dem Verstand ein Bild der Welt als Ganzes gegeben ist. Das neue Bild der Linse dagegen impliziert, dass für Wahrnehmung und Verstand die Welt nur in Ausschnitten zugänglich ist, da Aufmerksamkeit als ein selektiver Prozess konzipiert ist, der als »bloße oder reine Aufmerksamkeit« beschrieben werden kann. Aufmerksamkeit ist eine »Aktivität der Ausschließung« (S. 29), die manches »ausblendet«, anderes »ins Bewusstsein rückt« – wie geläufige Metaphern lauten. Die im 19. Jahrhundert entstehende, neue Theorie der Wahrnehmung hält fest, dass Aufmerksamkeit als Fokus der Sinnesdaten fungiert und Wahrnehmung von der Qualität der Aufmerksamkeit abhängt. Dies lässt sich auch an der Malerei ablesen: Die Bilder der Impressionisten geben optische Sinneseindrücke wieder, klar umrissene Objekte lösen sich in Farbpunkte auf, die Zentralperspektive wird aufgegeben. Waren zunächst Gemälde von Manet oder Monet bei Ausstellungen für Skandale gut, setzte sich die neue Sehweise bald durch, und die Impressionisten gelten heute als Vertreter der klassischen Moderne.

Die Lehrmeinungen darüber, was Aufmerksamkeit sei, waren höchst unterschiedlich (Crary, 2002, S. 29–33). Aufmerksamkeit sei der bewusste Willensausdruck eines autonomen Subjekts, das aus freier Wahl tätig werde, wie etwa der französische Psychologe Ribot meinte. Freud und andere erklärten, Aufmerksamkeit sei die »Funktion biologisch determinierter Instinkte und unbewusster Triebe«, die die Wahrnehmung und Beziehung zur Welt unvermeidlich in bestimmte Bahnen lenke. Philosophen wie zum Beispiel William James oder Henri Bergson meinten, dass es keine reine Aufmerksamkeit geben könne, da jede Empfindung mit Gedächtnis, Begehren, Willen und der Antizipation von Zukunft verbunden sei (S. 31). Wiederum andere sahen Aufmerksamkeit als Mittel der Einflussnahme mittels neuer optischer Medien: »Ein aufmerksames Subjekt könne – mittels der Kenntnis und Kontrolle von externen Stimulationsprozeduren und durch eine umfassende Technologie der ›Attraktion‹ – produziert und manipuliert werden« (S. 30). Das Kino, dessen Anfänge mit der gesteigerten gesellschaftlichen Bedeutung von Aufmerksamkeit zusammenfallen, bot sich dafür an, ebenso die Massenmedien. Freuds Neffe Edwards Bernays, der 1913 in die USA auswanderte, nutzte die neuen visuellen Medien als Möglichkeit für »Public Relations«, mit dem Ziel, die Massen zu steuern (Bernays, 1928/2007).

Wahrnehmung, so zeigte die damals neue experimentelle psychologische Forschung, ist instabil, prozesshaft und spezifisch mit dem entsprechenden Sinnesorgan verbunden. Erst die Aufmerksamkeit gewährleistet die Synthese der Sinneswahrnehmungen, die die verschiedenen »Sinneskanäle«[18] organisiert. Die Anforderung, aufmerksam zu sein, ist für die durch technische Mittel modernisierten Arbeitsprozesse unverzichtbar und führte zum Entstehen eines »spezifischen Verhaltensmodell(s)«, das »der Herausbildung eines modernen technologischen Milieus angehörte« (Crary, 2002, S. 32).

Die subjektive Introspektion, die für Fechner und Wundt eine legitime Methode experimenteller Untersuchungen war, wird in der weiteren Entwicklung von der Beobachtung von außen abgelöst, die als objektiv gilt. Ein paradigmatisches Beispiel dafür ist die Bestimmung der Reaktionsgeschwindigkeit des menschlichen Nervensystems durch den Mediziner und Physiker Hermann Helmholtz, einen Schüler von Johannes Müller und G. T. Fechner (Krüger, 2018).

Helmholtz' Bericht zeigt die Akribie, mit der solche Versuche durchgeführt werden: »Ich habe gefunden, dass eine messbare Zeit vergeht, während sich der Reiz, welchen ein momentaner elektrischer Strom auf das Hüftgeflecht eines Frosches ausübt, bis zum Eintritt des Schenkelnerven in den Wadenmuskel fortpflanzt. Bei großen Fröschen, deren Nerven 50 bis 60 Millimeter lang waren, und welche ich bei 2 bis 6 Grad Celsius aufbewahrt hatte, während die Temperatur des Beobachtungszimmers zwischen 11 und 15 Grad lag, betrug diese Zeitdauer 0,0014 bis 0,0020 einer Sekunde« (Helmholtz, 1850, S. 71). Spätere Untersuchungen zeigten, dass die Leitgeschwindigkeit der Nerven unterschiedlich ist: Beim Menschen variiert sie von ca. 1 Meter bis zu mehr als 100 Meter pro Sekunde (Dudel, Menzel u. Schmidt, 2013, S. 13).

Auch wenn dieses Experiment in seiner – technisch gesehen – relativen Einfachheit in keiner Weise etwa mit funktioneller Magnetresonanztomografie (fMRT) vergleichbar ist, so sind doch die Grundprinzipien dieselben: Lebendige Prozesse werden aus ihrem Zusammenhang isoliert und einem Reiz ausgesetzt – hier ein elek-

---

18 Von Wahrnehmungskanälen spricht etwa Frederic Vester (1975), worauf er später seine Theorie des vernetzten Denkens aufbaut.

trischer Reiz auf das Nervengeflecht an der Hüfte des Frosches –, und dies unter genau kontrollierten Bedingungen (Temperatur der Aufbewahrung, Raumtemperatur). Auch bei der fMRT als fortgeschrittenster Technologie wird so verfahren – die Veränderungen, die durch eine bestimmte, klar umrissene und nicht zu komplexe Aufgabenstellung im Gehirn des Probanden oder der Probandin vorgehen, werden durch viele punktuelle Messungen bestimmt, deren statistischer Durchschnitt grafisch dargestellt werden kann (siehe Kapitel 8.4).

Die empirisch-psychologische Forschung des ausgehenden 19. Jahrhunderts konzentrierte sich bei der Untersuchung von Wahrnehmungsprozessen vornehmlich auf den Gesichtssinn. Gesucht war Messbarkeit, die objektive Erkenntnisse versprach, um so »das subjektive Leben an maschinelle Operationen, Geschwindigkeiten und Zeitlichkeiten anzupassen [...]. [M]an suchte innerhalb derselben perzeptuellen Instabilitäten [...] nach Konstanten und Gewissheiten.« Es ging darum, »die spezifischen Faktoren zu bestimmen und zu messen, die die *Leistung* eines Individuums verändern konnten« (Crary, 2002, S. 245).

3.1.1 Leistungssteigerung und das Problem der Ermüdung

Das Interesse an Leistungssteigerung kam nicht von ungefähr. Für den kapitalistischen Nationalismus und Militarismus des ausgehenden 19. Jahrhunderts war die menschliche Arbeitskraft das »Kapital der Nation« (Rabinbach, 2001, S. 243), das entsprechend eingesetzt werden musste. Die fortschreitende Industrialisierung brauchte eine immer weitergehende Vermessung des »Motors Mensch« (Rabinbach, 2001), um »Kraft als Universalprinzip von Arbeit« (S. 19) effizient und in Verbindung mit den neu entwickelten Maschinen nutzen zu können. Die Methoden der experimentellen Psychologie wurden für die Erforschung der Arbeit eingesetzt, und die neuen Erkenntnisse der Biochemie (u. a. die Entdeckung des Stoffwechsels) und der Physik (Satz von der Erhaltung der Energie) boten Grundlagen für die Forschungen der neuen Arbeitswissenschaft. Anwendungsgebiete waren nicht nur die Fabriken, sondern auch das Militär und die Schule, also jene Orte, wo es um Leistung durch Arbeitskraft ging. Doch es gab ein Problem: die Ermüdung der Arbeitskräfte.

Ermüdung war, so die anfängliche Annahme, ein physiologisches Phänomen. Der Italiener Angelo Mosso, Mediziner und Sohn eines Tischlers, konstruierte 1884 den ersten »Ermüdungsmesser« oder »Ergografen«, um Ermüdungsprozesse aufzeichnen, messen und vergleichbar machen zu können. Die Hand des Probanden wurde auf einer Platte so fixiert, dass Zeige- und Ringfinger unbeweglich waren. Am freien Mittelfinger wurde ein Zugseil befestigt, an dem ein Gewicht hing, das der Proband mit dem Mittelfinger heben musste. An dem Zugseil war eine Schreibvorrichtung befestigt, mittels der man die Bewegungen als »Ermüdungskurven« aufzeichnen konnte.

Mosso fand, wie er in seinem Werk »La fatica« (»Die Ermüdung«; 1891) festhielt, dass Ermüdung kein linearer und uniformer Prozess war, sondern die Kurven individuell verliefen und Einflüsse von äußeren und inneren Umständen erkennen ließen. Ermüdung oder »Überbürdung« war, so folgerte Mosso, nicht nur ein körperliches, sondern auch ein intellektuelles Phänomen, abhängig vom Nervensystem, vom Atem und der Durchblutung des Gehirns (Mosso, 1891, S. 316 ff.).

Die Anpassung der Arbeitenden an die maschinelle Produktion brachte die traditionellen Handwerker um Arbeit, Lebensunterhalt und soziale Sicherheit. In England und Deutschland kam es schon in der ersten Hälfte des 19. Jahrhunderts zu Aufständen gegen den Einsatz von Maschinen, gegen deren Erfinder und Nutznießer. Die Aufständischen verlangten vor allem angemessene Bezahlung und respektvolle Behandlung, und in der Folge wurden »Maschinensturm« und »Aufstand der Weber« zu historischen Metaphern für gesellschaftlichen Wandel durch Technologie (Hodenberg, 1997).

Der Wandel betraf auch die Kategorien, in denen über Arbeit verhandelt wurde. Zu Ende des 18. und Anfang des 19. Jahrhunderts galt Arbeitsdisziplin als eine moralische Frage, und Reformer bemühten sich um Erziehung und Selbsterziehung der Arbeiterschaft. Ab der Mitte des 19. Jahrhunderts aber wurde Arbeitsdisziplin in den Kategorien der neuen Arbeitswissenschaften verhandelt: »Ermüdung«, »Leistung«, »Ertrag«. Mit der Hochindustrialisierung ab den 1870er Jahren bestimmten zudem neue Techniken und Maschinen die Art der Arbeit. Nun bekamen Zeit- und Arbeitsnormen ebenso wie Lohnfragen zunehmend mehr Gewicht in Auseinandersetzungen zwischen Gewerkschaften und Fabrikanten (Rabinbach, 2001, S. 150 f.).

Müdigkeit spielt in den Beschreibungen des Arbeitslebens in der Fabrik eine zentrale Rolle: Fabrikarbeit machte nur Menschen müde, nicht jedoch die Maschinen. Ein Weber, der in einer Textilfabrik arbeitete, konstatierte: »[S]elbst die größte Ermüdung [hat] auf die Leistung des Webstuhls nur geringen Einfluss [...]. Der mechanische Webstuhl wird nicht müde« (Levenstein, 1912, zitiert nach Rabinbach, 2001, S. 229). Die Arbeit in der Fabrik änderte nicht nur den Rhythmus der Arbeit, den nun die Maschine und nicht ein Mensch vorgab, sondern auch die sozialen Beziehungen. Ein Metalldreher, der die meiste Zeit seines Lebens auf dem Land gelebt hatte und erst seit Kurzem in einer Fabrik arbeitete, erklärte: »Ich bin wohl nach Feierabend und auch schon zwei Stunden vor Beendigung der Schicht müde. Aber es ist ein anderes Müde. Nicht müde wie in der Heimat, wenn man den ganzen Tag mit der Sense gearbeitet hatte oder hinter dem Pflug hergeschritten war. Hier zittern mir immer die Glieder. Und dann: auf dem Lande wurde nach Beendigung der Arbeit viel gelacht. Hier sieht man nur missmutige Gesichter« (S. 229).

3.1.2 Zerstreuung fordert Aufmerksamkeit

Mit zunehmender Kontrolle der Arbeitskraft wurde die traditionelle Festkultur der Dörfer mit Tanzereien, gelegentlich reichlich Alkohol und eventuell auch Raufereien abgeschafft (Maase, 1997, S. 38–77). Doch bot das großstädtische Ambiente neue Möglichkeiten der Unterhaltung und Erholung vom Arbeitsalltag. Man ging zur Zerstreuung ins Varieté, ins Theater oder dann auch ins Kino. Zerstreuung ist »Eine Beschäftigung des Gemüthes, wobey die Aufmerksamkeit von dem pflichtmäßigen Gegenstande abgezogen wird«, heißt es im »Adelung«, dem Wörterbuch von 1811.[19] Doch war die Zerstreuung nicht frei, sondern eine medial gelenkte Aufmerksamkeit sollte vom Alltag ablenken. Die neuen optischen Medien boten dazu besondere Möglichkeiten. Im »Kaiserpanorama« – nach 1880 eine Attraktion in populären Vergnügungsstätten – konnte man

19 https://lexika.digitale-sammlungen.de/adelung/lemma/bsb00009134_9_0_532.

durch ein Guckloch mittels eines Stereoskops rasch wechselnde Fotografien exotischer Orte sehen. Ab 1895 gab es Stummfilme, die zunächst in Varieté-Theatern gezeigt wurden und ab etwa 1900 zu einer Möglichkeit der Zerstreuung für die breite Masse wurden, zu Massenkultur (Maase, 1997, S. 21).

Zu den Vorläufern des Films gehören die Serienbilder, die Edward Muybridge ab 1872 anfertigte. Mittels einer Serie von Kameras konnte Muybridge die Bewegungen von Tieren und Menschen in unvermittelte, einzelne Sequenzen zerlegen, wodurch »ein atomisiertes Feld, das kein Beobachter nahtlos zusammenfügen kann«, entstand (Crary, 2002, S. 116). Die Fotos vermitteln eine Art Augenblicklichkeit des Sehens, die maschinell erzeugt und medial fixiert ist. Die Bewegung – etwa eines Pferdes oder eines Menschen – hat keinerlei Verankerung in Raum und Zeit (S. 120) und erschloss im Weiteren neue Möglichkeiten zur Quantifizierung von Bewegung und zur Mechanisierung körperlicher Abläufe (S. 123).[20] Der Prozess ließ sich maschinell aber auch umkehren und die Dekonstruktion in eine Rekonstruktion verwandeln: Muybridge führte 1879 mit Hilfe des von ihm entwickelten »Zoospraxiskop« vor, wie die einzelnen Bilder – maschinell synthetisiert – wieder als Bewegungsablauf gesehen werden können.

Die neuen Technologien, die auf den Erkenntnissen der Optik beruhten, veränderten die Wahrnehmung (Crary, 1990, S. 19). Die rasche Folge der Bilder eines Films erzeugt in den Zusehenden die Illusion von Bewegung. Damit wurden die Betrachter selbst zum Teil der Apparatur, ohne es zu bemerken. Zudem zeigte sich am Beispiel von Muybridges Bewegungsstudien, dass Wahrnehmung eine Konstruktion ist und medial formbar. Um 1900 erzeugten 16 Bilder pro Sekunde für die Zuseherinnen eines Films kontinuierliche, ruckfreie Bewegungen. Heute beträgt die Bildfrequenz bei einem normalen

20 Crary macht darauf aufmerksam, »dass alles mit einer stabilen Verortung in Raum und Zeit Versehene in ein System von Tausch und Zirkulation eingefügt zu werden untauglich ist und dass alles, was Teil eines Kodes ist (ein traditionelles oder feststehendes Verhaltens- oder Repräsentationsmuster), sich einer Verteilung auf abstrakte Beziehungsnetzwerke verweigert. Die Geschichte des Kapitalismus ist die Geschichte der Überwindung dieser Hindernisse zugunsten seines effektiven Funktionierens« (Crary, 2002, S. 119 f.).

Film zwischen 24 und 48 Bildern pro Sekunde, bei Computerspielen liegt die Frequenz noch höher.

Die Fabrikarbeit war anstrengend und forderte Aufmerksamkeit, daher sollte in der Freizeit Zerstreuung zu einem Glück »jenseits von Fabrik und Pflicht« führen (Maase, 1997, S. 43). Um sich zu zerstreuen, schaute man aufmerksam auf einen Strom sich ständig ändernder Bilder. Tastempfindungen, ebenso Geruch- und Geschmackssinn wurden von der optischen Wahrnehmung getrennt; auch die akustische Wahrnehmung war – beim Stummfilm – vom sich bewegenden Bild getrennt. Dieser Ab- und Zertrennung der sinnlichen Wahrnehmung entsprach eine industrielle Neukartierung des Körpers (Crary, 1990, S. 19), die auch von politischer Relevanz ist (Theweleit, 2019). Die medialen Maschinen, die der Zerstreuung dienen, fordern und formen Aufmerksamkeit in einer ähnlichen Weise, wie es die Maschinerie der Arbeitsstätten tut.[21]

3.1.3 Entspannung: Heilmittel zur Verbesserung der Leistungsfähigkeit

Erschöpfung befiel nicht nur die Arbeiterklasse, sondern auch das Bürgertum. Vom US-amerikanischen Neurologen George Beard stammt der Ausdruck »Neurasthenie« oder »Nervenschwäche« durch nervöse Erschöpfung, auch »American Nervousness« (Beard, 1881) genannt.

In den letzten Jahrzehnten des 19. Jahrhunderts avancierte die Neurasthenie diesseits und jenseits des Atlantiks zur charakteristischen bürgerlichen Erkrankung der Epoche. Zwar ließen sich keine strukturellen oder organischen krankhaften Veränderungen feststellen, doch Kopfschmerzen, Ohrgeräusche, eine schwache Stimme, krankhafte Furcht und Reizbarkeit, Schwächegefühl, kalte Extremitäten, Magenproblemen und Ähnliches entsprachen dem Bild eines funktionellen Leidens, wie man heute sagen würde. Beard brachte die Neurasthenie in Zusammenhang mit den neuen Techniken, Medien und insgesamt der Veränderung in der Gesellschaft, die das Nervensystem der Menschen zu sehr beanspruchen würden (Beard,

21 Dieses Muster findet sich heute wieder: Online-Spiele üben Fertigkeiten, die im Arbeitsalltag gebraucht werden.

1881, S. 21, zit. nach Kury, 2011, S. 42), nämlich die Dampfkraft, die Tagespresse, der Telegraf, die Naturwissenschaften und nicht zuletzt die »geistigen Aktivitäten« der Frauen.

Betroffen von der Neurasthenie waren vor allem städtische männliche Eliten. Ein deutscher Arzt befand gegen Ende des 19. Jahrhunderts ähnlich wie Beard: »[D]urch den ins Unangemessene steigenden Verkehr, durch die weltumspannenden Drahtnetze der Telegraphen und des Telephons haben sich die Verhältnisse in Handel und Wandel total verändert: alles geht in Hast und Aufregung vor sich, die Nacht wird zum Reisen, der Tag für die Geschäfte benützt, selbst die ›Erholungsreisen‹ werden zu Strapazen für das Nervensystem; große politische, industrielle, finanzielle Krisen tragen ihre Aufregung in viel weitere Bevölkerungsteile als früher; ganz allgemein ist die Antheilnahme am öffentlichen Leben geworden: politische, religiöse, sociale Kämpfe, das Parteitreiben, die Wahlagitationen, das ins Masslose gesteigerte Vereinswesen erhitzen die Köpfe und zwingen die Geister zu immer neuen Anstrengungen und rauben die Zeit für Erholung, Schlaf und Ruhe; das Leben in den großen Städten ist immer raffinierter und unruhiger geworden« (Erb, 1893, S. 20).

Bei Frauen wurde selten Neurasthenie diagnostiziert, stattdessen »Hysterie« mit Symptomen wie Stimmungsschwankungen, Ohnmachtsanfällen, Gefühlsausbrüchen, Körperzuckungen, Überreaktionen auf Berührung usw. Der prominente Bostoner Arzt Silas Weir Mitchell empfahl Anfang der 1870er Jahre geschlechtsspezifische Kuren (Beck, 2016). Männer schickte die »West Cure« in den Wilden Westen, wo sie gemeinsam mit anderen Männern Vieh treiben, jagen und Lagerfeuer machen lernten. Bei der »Rest Cure« wurde Frauen eine Liegekur von mehreren Monaten verordnet. In dieser Zeit durften sie nichts tun – sie wurden gefüttert, massiert, mit elektrischem Strom behandelt, und im Übrigen wurde jede geistige Anregung verboten (Stiles, 2012). An der Pariser Salpêtrière führte der Psychiater Charcot als hysterisch geltende Frauen vor, die er zuvor hypnotisierte. Sie zeigten heftige Symptome, die durch Elektroschocks, Schläge oder Anwendung der berüchtigten »Ovarienpresse« gestoppt werden sollten. All diese Brutalität wurde fotografisch dokumentiert (Didi-Huberman, 1997). Sigmund Freud, der bei Charcot studiert hatte, gab in Wien die Hypnose bald auf und entwickelte gemeinsam mit Josef Breuer eine »Redekur« zur Heilung der Hysterie durch entsprechende Triebabfuhr, woraus später die Psychoanalyse entstand.

Prüderie, Nationalismus und Militarismus, einengende bürgerliche Normen und Ungleichheit der Geschlechter bestimmten in Europa wie auch in den USA das gesellschaftliche Klima. Als Gegenkräfte waren Frauenbewegungen und Lebensreformbewegungen aktiv – oft, aber nicht nur bürgerliche Gruppierungen, die im Streben nach Natürlichkeit ihren kleinsten gemeinsamen Nenner fanden (Baier, 2016). In diesen Kreisen entstand ein neues Interesse an Körper und Bewegung, das neue Formen von Tanz und Gymnastik hervorbrachte und das sich mit der Suche nach Heilung von Neurasthenie und Hysterie verband.

Übungstechniken aus einem von François Delsarte (1811–1871) entwickelten Bühnentraining – dem Delsarte-System – inspirierten die amerikanische Schauspielerin Genevieve Stebbins zu »Harmonic Gymnastics«, einem Übungssystem, das sie 1892 in einem Buch beschrieb. Bei Frauen aus dem liberalen Bürgertum diesseits und jenseits des Atlantiks fand dies großen Anklang. Ein Zentralstück war die Entspannung der Gliedmaßen, »decomposing«; dies galt als Voraussetzung für einen harmonischen Ausdruck des Körpers (Ruyter, 1999, S. 85; Baier, 2016, S. 43). Doch ging es nicht nur um Entspannung – propagiert wurde »Harmonic Gymnastics« auch, um die Leistungsfähigkeit zu verbessern (Stebbins, 1892, S. 80).

Die US-amerikanische Autorin und Journalistin Annie Payson Call befasste sich in Frauenzeitschriften und Büchern mit Lebensreform und mentaler Gesundheit und fand, dass körperliches Wohlbefinden und Entspannung unerlässliche Grundlagen dafür seien. Ihre Versionen von Stebbins' Übungen nannten sich »Nerve Training«, »Mind-Concentration« und »Power through Repose« (Payson Call, 1890) und wurden ein früher Wellness-Hit. Entspannung, so Payson Call, sei für Frauen wie Männer das Mittel der Wahl gegen »Americanitis«, jene Krankheit, die durch zu viele, zu schnelle und unnötige Anspannung entstehe. Payson Call bemüht dafür die Metapher vom Körper als Maschine: Dem »Missbrauch der Maschine« durch alle Formen von Spannungen – als Folge von Überarbeitung, Unterforderung oder Ärgernissen – setzt sie als Heilmittel Entspannung, *relaxation*, entgegen. Sei der Körper entspannt, so könne der Geist den Körper in einer natürlichen Weise lenken. Dehnübungen und darauffolgende Entspannungsübungen (»stretch and relax«) sowie Atemübungen bewirken eine schrittweise Veränderung der Propriozeption, der Wahrnehmung der Haltung und Bewegung des eigenen Körpers (Baier, 2016, S. 48; Payson Call, 1890/2017, S. 99–105).

Ein »Evangelium der Entspannung« hatte den Amerikanern bereits der Positivist Herbert Spencer 1883 gepredigt. Entspannung als Grundlage positiver menschlicher Selbstgestaltung vertrug sich auch gut mit der New-Thought- oder Neugeist-Bewegung, einem Sammelbecken verschiedenster Gruppierungen, die Körperübungen, Atemübungen, Meditation und positives Denken verbanden und kultivierten (Baier, 2009, S. 429–542). Die Popularität dieser Bewegung in den USA und dann auch in Europa war groß. Der Philosoph und Psychologe William James schreibt 1902: »Die Prinzipien von Mind-Cure liegen in der Luft, sodass man ihren Geist inzwischen aus zweiter Hand empfängt. Man hört von einem ›Evangelium der Entspannung‹, von der ›Sorge-dich-nicht-Bewegung‹, von Leuten, die sich schon morgens beim Ankleiden als Motto für den Tag immer wieder die Worte vorsagen: ›Jugend, Gesundheit, Kraft!‹ In vielen Haushalten ist man dabei, Klagen über das Wetter zu verbieten; und immer mehr Menschen betrachten es als schlechtes Benehmen, von unangenehmen Empfindungen zu reden oder viel Aufhebens von den gewöhnlichen Unzuträglichkeiten und Unpässlichkeiten des Lebens zu machen« (James, 1902, S. 127).

Die innere Ruhe, die aus einem wohltrainierten Körper kommt, sei ein »Element spiritueller Hygiene von höchster Bedeutung« (S. 127) und nach Empfehlung von Payson Call dann zu erreichen, wenn man sich auf das Tun in der Gegenwart konzentriert, ohne Erwartungen zukünftiger Resultate. Man solle also anerzogenes Pflichtgefühl und Erfolgsorientierung »loslassen« und sich entspannen, empfiehlt James (1899).

Doch geht es auch in James' »The Gospel of Relaxation« (1899) um Leistungssteigerung durch Entspannung und Meditation. Sein Interesse galt dem sogenannten »zweiten Wind«, also dem Phänomen, dass nach einer ersten Phase der Erschöpfung neue, große

Kräfte mobilisiert werden können. Spirituelle Praktiken wie etwa Yoga schienen dafür sehr geeignet, das legte ihm die Erfahrung seines Freundes, des polnischen Philosophen Wincenty Lutosławski, nahe. Der hatte anhand von Vivekanandas »Raja Yoga« (1896/1920) nach einem Zusammenbruch zu Gelassenheit und neuer Energie gefunden. Für James ist eine »propriozeptive Entspannung« (James, 1902, S. 121 f.; Singleton, 2005, S. 298) Grundlage und Voraussetzung einer positiven Spiritualität, aber auch Voraussetzung für eine produktive Arbeitshaltung und ökonomischen Erfolg.

3.2 Krieg, Stress und Burn-out

Im Verlauf des 20. Jahrhunderts intensiviert sich der gesellschaftliche Prozess der Segmentierung: Dies betrifft unter anderem den Ablauf von Arbeitsprozessen ebenso wie die Trennung von Arbeits- und Freizeit, wobei Letztere der Erholung und Wiederherstellung der Arbeitskraft dienen, aber auch Zeit für Konsum sein soll, und – speziell für berufstätige Frauen – zudem auch die Zeit für Haushalt und Familie, die als Frauensache galten bzw. gelten. Gegen die Anspannung durch Arbeitsprozesse suchen Menschen nach Entspannung – durch Unterhaltung, durch Lebensreform, durch Flucht aus den Städten, durch Übungen. Mit Annie Payson Call ebenso wie der Mind-Cure- und New-Thought-Bewegung sind wesentliche Themen der Achtsamkeitsprojekte von heute vorformuliert (Shannon, 2019)[22]. Es geht um einen positiven, direkten Körperbezug, um einen bewussten Umgang mit Gedanken und Emotionen, um Gesundheit und Kraft, um Entspannung und Lebensqualität, um lebensfreundliche Spiritualität und um ökonomischen Erfolg.

William James hatte mit »Energies of Man« (1907) der Beobachtung, dass unter extremen Bedingungen – etwa auch bei religiös-spirituellen Übungen – Höchstleistungen erreicht werden können, einen eigenen Aufsatz gewidmet. Der junge US-amerikanische Physiologe Walter B. Cannon wollte dies experimentell untersuchen. Durch Tierexperimente, die heute wohl nicht mehr genehmigt wür-

22 Auf den Einfluss des Mesmerismus, den Shannon darstellt (siehe dazu auch Baier, 2009), soll hier ausdrücklich hingewiesen werden.

den, fand er, dass elementare existenzielle Reaktionen auf bedrohliche Störungen im externen oder internen Milieu eines Lebewesens – also Angst, Zorn, Schmerz und Hunger – zur Ausschüttung von Adrenalin führen. Je nach Situation unterstützt diese Adrenalinausschüttung entweder die Flucht aus der bedrohlichen Situation oder den Kampf gegen die Bedrohung: »flight of fear may suddenly turn the fear to fury and the flight to a fighting in which all the strengths of desperation is displayed« (Cannon, 1915, S. 290). Cannon nannte diese Störung der Homöostase, des Gleichgewichts des *milieu intérieur* des Körpers »stress« (S. 48, 67 u. ö.), wodurch die Funktion des vegetativen Nervensystems für »fight or flight« (S. 269) aktiviert wird. Durch »stress« werden sonst kaum mögliche neuromuskuläre Aktivitäten möglich (S. 232), die zugleich mit starken Emotionen verbunden sind. Cannon führte die nationalistische Begeisterung der Soldaten im Ersten Weltkrieg auf Stressreaktionen zurück und schlug unter dem Eindruck der Brutalität des Frontgeschehens als Alternative zu militärischen Unternehmungen internationale Sportwettkämpfe vor (S. 315).

Der industrialisierte Maschinenkrieg 1914–1918 hatte Menschen en masse verheizt. Nicht wenige der Überlebenden kamen als Krüppel oder mit posttraumatischen Störungen als »Kriegszitterer« zurück, für die es keine Behandlung gab. Mit Kriegsende, Hyperinflation, Wirtschaftskrise und Arbeitslosigkeit verschwand die Diagnose »Neurasthenie« (Kury, 2012, S. 51). Doch waren die Lebensbedingungen in der Großstadt – Lärm, beengte Verhältnisse, Arbeitsdruck und Armut – für viele belastend, und ab den 1920er Jahren entstand eine reiche Ratgeberliteratur für gestresste Großstadtmenschen, die Entspannung suchten (Illouz, 2007; Kury, 2012). In Deutschland setzte der Arzt J. H. Schultz (1884–1970) als Selbsthilfe zur Entspannung Selbsthypnose ein und veröffentlichte 1932 unter dem Titel »Autogenes Training« seine auch vom Yoga inspirierte Methode der Autosuggestion. In den USA forderte der Arzt Edmund Jacobson (1888–1893) erschöpfte Zeitgenossen auf »You must relax« (1934; dt. 1990) und empfahl als Methode die Progressive Muskelentspannung. Beide Methoden wurden in der zweiten Hälfte des 20. Jahrhunderts zu populären Übungen, um Entspannung zu erzielen.

Die Rationalisierung der Wirtschaft, die in Deutschland während des Krieges eingeführt worden war, gab auch nach dem Frieden von

Versailles 1919 die Orientierung vor, und Konzepte des amerikanischen Taylorismus und Fordismus wurden begierig aufgenommen (Hachtmann u. von Saldern, 2009a; 2009b). Das Bild vom Menschen als Maschine, die Leistung bringt und deren Leistung gesteigert werden kann, bestimmte die Arbeitsorganisation, aber nicht nur unter kapitalistischen Vorzeichen, sondern auch in der Sowjetunion (Wessel, 2009). Die Technisierung der Lebenswelt in den USA und der UdSSR bezeichneten die Nationalsozialisten zwar als »Entartung«, doch verstärkten sie nach 1933 unter dem Titel »deutsche Arbeitswissenschaft« Technisierung, Leistungsorientierung und wissenschaftliche Betriebsführung im Dienst der Aufrüstung (Hachtmann, 2008). Der NS-Staat setzte zudem auf Forschung zu Eugenik, Erbgesundheit und Leistungsfähigkeit. Am Kaiser-Wilhelm-Institut für Arbeitsphysiologie wurde Ernährungsforschung als Grundlage für die Rationierung der Lebensmittel betrieben, aber auch mit dem Ziel der Erhöhung der Arbeitskraft (Plesser u. Thamer, 2012, S. 26). Das Interesse der »Leistungsmedizin« – eine NS-Wortschöpfung – war, Dauerleistungen an der Grenze der Leistungsfähigkeit zu erzielen (Kury, 2012, S. 160).

»Leistungsforscher« wie Max Hochrein und Irene Schleicher konnten nach 1945 ihre Karriere fortsetzen, ebenso J. H. Schultz, der 1936 bis 1945 stellvertretender Leiter am »Deutschen Institut für psychologische Forschung und Psychotherapie« war (zu seiner NS-Vergangenheit: Brunner u. Steger, 2006). Er empfahl in dieser Funktion Autogenes Training als eine Form »psychischer Gesundheitsgymnastik« gegen Nervosität und als »geistig-seelische Ertüchtigung für Normale« im Dienst nationalsozialistischer Gesundheitsführung (Kury, 2012, S. 150).

Dass Entspannung Leistung erhöht, hatte auch der Football-Trainer Bud Winter entdeckt. Nach dem Angriff auf Pearl Harbour schulte er Piloten der US-Luftwaffe, die zunächst den Japanern unterlegen gewesen waren. Später wurde er ein sehr erfolgreicher Sport-Coach (Winter, 1981). Verschleißerscheinungen bei US-Soldaten waren zahlreich und nicht auf den schon aus dem Ersten Weltkrieg bekannten »Shell shock« (»Granatschock«) beschränkt. »Combat fatigue« und »combat exhaustion« zeigten sich an Symptomen wie Übelkeit, Schlaflosigkeit, Appetitlosigkeit, Blutdruckprobleme und

Entzündungsanfälligkeit. Zur Unterstützung wurde unter anderem die von Rogers (1942) entwickelte klientenzentrierte Gesprächspsychotherapie herangezogen (Baker, 2012). In diesen Kontexten tauchte der Begriff »Stress« wieder auf, und zwar in der Studie »Men under Stress« der beiden Militärpsychiater Roy R. Grinker und John P. Spiegel (1945). Hans Selye, der in den 1930er Jahren mit dem »Allgemeinen Anpassungssyndrom« die Reaktion des Organismus auf schädliche physische Reize von außen beschrieben hatte, verwendete den Begriff dann ab den 1950er Jahren (Selye, 1950).[23]

In Deutschland begann nach der Währungsreform 1948 der Wiederaufbau. Ein deutlicher Anstieg der Realeinkommen und damit neue Lebens- und Konsumgewohnheiten in den 1950er und 1960er Jahren machten die »Managerkrankheit« zur Diagnose für männliche Führungsschichten. Die Symptome der vegetativen Dystonie ähnelten denen der Neurasthenie, und der zivilisations- und technikkritische Diskurs dieser Jahre schlug eine inhaltliche Brücke zur NS-Zeit (Kury, 2012).

Bereits ab den 1930er Jahren war in den USA parallel zu Rationalisierung und Standardisierung eine Technologie des Selbstmanagements entstanden, »die sich mit dem Ziel der Herstellung einer inter- und intraemotionalen Koordination in großem Maß auf Sprache und auf ein geeignetes Management der Emotionen stützt« (Illouz, 2007, S. 34). Ab Ende der 1960er Jahre setzte darauf aufbauend eine Psychologisierung der Gesellschaft ein. Nicht nur Eliten, sondern jedermann und jedefrau waren nun für Gesundheit und psychische Integrität selbst verantwortlich. Die Stressforschung belegte aber auch die Relevanz von umweltbedingten, psychosozialen Faktoren. Ab etwa Mitte der 1970er Jahre wird »Stress« eine populäre Vokabel[24] für psychosoziale Belastungsstörungen. Trimm-dich-Pfade, Autogenes Training und dann auch Yoga und Meditation werden zu Angeboten, um »Stress« zu verringern und ein »Burn-out« (den Be-

23 Selye spricht 1946 noch von General Adaptation Syndrome (Selye, 1946; s. a. Kennard, 2008).

24 Siehe Frederic Vesters TV-Programm und den Spiegel-Aufmacher https://www.spiegel.de/politik/stress-neue-krankheit-des-jahrhunderts-a-9fec73cb-0002-0001-0000-000041279303 (Zugriff am 11.11.2021).

griff führt Freudenberger 1974 ein) zu verhindern. Gleichzeitig gibt es eine Tendenz zur gezielten Überforderung von Mitarbeitenden, um Leistungssteigerungen zu erreichen (Corbett, 2013). Nach der »Energiekrise« der 1970er Jahre verändern sich in der »Dritten Industriellen Revolution« und durch verstärkte Globalisierung die Arbeitsverhältnisse. Die Dominanz von Wissensarbeit und Dienstleistung, ebenso wie Innovationsdruck und Flexibilisierung der Arbeitsplätze, stellen neue psychosoziale Herausforderungen dar. Stress und Burn-out nehmen gegen Ende der 1990er Jahre zu, sodass man von einer »Burn-out-Epidemie« (Hillert u. Marwitz, 2006) zu sprechen beginnt. 2018 klassifiziert die WHO Burn-out in der ICD-11 als ein krankmachendes Syndrom, das durch nicht verarbeiteten Stress am Arbeitsplatz entsteht und durch Energiemangel und Erschöpfung, zunehmende mentale Distanz vom Job, negative Gefühle oder Zynismus in Bezug auf den Beruf und reduzierte professionelle Effizienz charakterisiert ist.[25]

Das Interesse an Achtsamkeitsübungen nimmt rückblickend betrachtet mit der statistischen Häufigkeit von Burn-out zu. Der »Achtsamkeitsboom« kann also als eine Funktion der Zunahme von Burn-out und Stress verstanden werden.

25 https://www.who.int/news/item/28-05-2019-burn-out-an-occupational-phenomenon-international-classification-of-diseases (Zugriff am 11.11.2021).

4 Achtsamkeit in der Industriegesellschaft

Die Karriere von Achtsamkeitsübungen steht in unmittelbarem Zusammenhang mit der Zunahme von Stress und Burn-out. Das Interesse an einem modernisierten Buddhismus als »wissenschaftskompatibler« Tradition, die neuen Technologien der Neuroforschung sowie die staatliche und militärische Förderung der Neurowissenschaften, das ökonomisch motivierte Interesse an Leistungssteigerung und zugleich ein Bedürfnis nach Erholung von psychosozialem Druck ganz allgemein und nicht nur am Arbeitsplatz – dies sind die Hauptvektoren des »Achtsamkeitsbooms«.

Aus buddhistischer Meditation, die auf der Lehre des Buddha beruht und auf das Ende von Gier, Hass und Verblendung abzielt – das bedeutet Nirwana –, wird ein Werkzeug, um unter den Bedingungen einer spätindustriellen, neoliberalen Informationsgesellschaft überleben und womöglich gut leben zu können. Aus der Suche nach dem Unbedingten und Unvergänglichen – Nirwana unterliegt keinerlei Bedingungen – in einer Welt der Bedingtheit und Vergänglichkeit wird die Suche nach Glück – pursuit of happiness – in einer auf Konkurrenz und Schnelligkeit angelegten Gesellschaft. Dabei können sich diese Perspektiven in konkreten Biografien Achtsamkeitsübender auch überlagern. Im Folgenden geht es um eine Skizze der Voraussetzungen, Anknüpfungspunkte und Ähnlichkeiten, die den Transfer der Achtsamkeitspraxis ermöglicht haben. Solche »Willkommensstrukturen« zeigen sich meist erst im Rückblick: Zu den Voraussetzungen gehören der europäische Kolonialismus und Imperialismus des 19. Jahrhunderts ebenso wie die Normierung der Arbeitswelt durch Industrialisierung und Naturwissenschaft (Kapitel 3). Die Annahme, dass der Buddhismus mit moderner Naturwissenschaft verträglich sei, ermöglicht die Sichtweise, dass Achtsamkeit als klinisch evaluierte Praxis zu Stressreduktion (MBSR) führen kann. Die Standardisierung von Achtsamkeit durch das MBSR-Curriculum ermöglicht, kleine, elektronisch abrufbare und jederzeit konsumierbare Portionen Achtsamkeit zu konstruieren und diese via Achtsamkeits-Apps zu konsumieren – was viele als hilfreich erleben. Achtsamkeit wird so an eine segmentierte Gesellschaft angepasst, in der Aufmerksamkeit als »Währung« und ökonomische Größe fungiert (Franck, 1998), an der sich die gesellschaftlichen Wahrnehmungsmuster ausrichten.

4.1 Modernisierter Buddhismus: Naturwissenschaft und Ewige Wahrheit

Als Folge der Entdeckung des Seewegs nach Indien durch den Portugiesen Vasco da Gama 1498 verdrängten Europäer die muslimischen Handelsleute im profitablen Gewürzhandel. Der Monopolanspruch der portugiesischen Krone blieb nicht lange unbestritten. 1600 fand sich eine Gruppe von britischen Kaufleuten in London zur British East India Company zusammen, und acht Jahre später gründete diese East India Company in Surat in der Nähe der heutigen Metropole Mumbai an der Westküste Indiens eine Niederlassung. Rund zweihundert Jahre später, Ende des 18. Jahrhunderts, kontrollierte die British East India Company den größten Teil Indiens.

Generalgouverneur Warren Hastings förderte aus politischen und ökonomischen Gründen Sanskrit-Studien und gründete 1784 die Bengal Asiatic Society (später Royal Asiatic Society). Ihr gehörte unter anderem William Jones an, Richter am Obersten Gerichtshof in Kolkata (damals Calcutta), der wegen der Ähnlichkeiten von Sanskrit, Latein und Griechisch von einer indoeuropäischen Sprachfamilie sprach. Übersetzungen wichtiger Texte der Hindu-Traditionen machten unter Europas Intellektuellen Furore: die Bhagavadgita, übersetzt aus dem Sanskrit ins Englische (1785), und das Oupnek'hat, eine persische Version der Upanishaden, auf Französisch (1786). 1813 wurde der erste Sanskrit-Lehrstuhl an der Universität Bonn eingerichtet. Man las vom »Buddhaismus« in Birma und die Religion des Gottes »Fo« in China; jedoch der Terminus »Buddhism« wurde erst Mitte der 1820er Jahre in der »Encyclopedia Britannica« verwendet (Lopez, 1995). Brian Houghton Hogdson, britischer Resident in Nepal und ein Gelehrter, der Persisch, Sanskrit, Nepali und Newari sprach, begann auf den Rat eines befreundeten Pandits, also eines brahmanischen Gelehrten, wertvolle alte buddhistische Manuskripte zu sammeln, die er an Gelehrte in England und Frankreich schickte. Eugene Burnouf, Professor am College de France, war einer der Adressaten. Er verfasste auf Basis dieser Manuskripte 1844 die erste Geschichte des Buddhismus in Indien, die großen Einfluss auf die Intellektuellen des 19. Jahrhunderts hatte, unter anderem auf den Philosophen Arthur Schopenhauer, der sich seit Studententagen für asiatisches Gedankengut interessierte.

Im »Asiatischen Magazin« des Chemikers und Orientalisten Julius Klaproth fand der gerade promovierte Schopenhauer bereits 1813/14 die deutsche Übertragung eines buddhistischen Sutras (42-Kapitel-Sutra), auch las er die Bhagavadgita, doch vor allem das Oupnek'hat – die Upanishaden – hatte es ihm angetan und blieb bis zum Ende seines Lebens für ihn bedeutsam. Ab 1816 exzerpierte er auch Artikel aus den »Asiatick Researches«, herausgegeben von der Royal Asiatic Society in Kolkata. Schopenhauer sah seine Philosophie durch die indischen Lehren bestätigt. Für ihn liegt die Ursache des Leidens im blinden Willen zum Leben; ist der aufgehoben, dann ist auch die Welt aufgehoben, und »was übrig bleibt, nennt man Nichts« (App, 2018, S. 188). Schopenhauers Willensmetaphysik ist, so zeigt die neuere Forschung, vor allem vom Oupnek'hat beeinflusst. Am Buddhismus interessierte ihn unter anderem der Atheismus und Nirwana (»Nienan«). Sein Interesse für indische Religionen war allerdings auch durch einen starken Antisemitismus motiviert, der in seinen Schriften deutlich wird. Die Gestalt des Buddha – genauer: eine kleine Buddhastatue – begleitete Schopenhauer bis zum Lebensende. Da war Schopenhauer endlich ein anerkannter Denker und einer der einflussreichsten deutschen Philosophen.

Vornehmlich durch seine Schriften wurde der Buddhismus zu einer attraktiven Alternative für die intellektuelle Avantgarde, die vielfach mit den herrschenden Religionsverhältnissen – der Allianz von protestantischer bzw. römisch-katholischer Kirche mit dem Staat, der Allianz von »Thron und Altar« – unzufrieden war. Viele von ihnen sahen im Buddhismus eine aufgeklärte Philosophie und Ethik. Dies meinten sie den ab 1880 erscheinenden Übersetzungen aus dem Pali-Kanon, den Lehrreden des Buddha, entnehmen zu können. Gleichzeitig sorgte Edwin Arnolds Versepos »Licht aus Asien« (1879), das in viele europäische Sprachen, aber auch ins Hindi übersetzt wurde, für eine romantische Verklärung des Lebens des Buddha. In der Esoterikszene des ausgehenden 19. Jahrhunderts hatte der Buddha einen festen Platz. Etwa meinte man in der 1875 in New York von Henry Steel Olcott und Madame Blavatsky gegründeten Theosophischen Gesellschaft, die programmatisch Naturwissenschaft und Spiritualität verband, im Buddhismus eigene Ansichten zu finden.

Britische Kolonialbeamte und Missionare sahen im Buddhadharma, der Lehre des Buddha, allerdings eine minderwertige Religion. In Sri Lanka – damals britische Kolonie – kam es deswegen wiederholt zu Konflikten zwischen christlichen Missionaren und buddhistischen Mönchen. Die Konfrontationen führten zu einer Wiederbelebung des singhalesischen Buddhismus und zu einer Serie von öffentlichen Streitgesprächen, die 1873 in der Küstenstadt Panadura ihren Höhepunkt erreichten. Der christliche Prediger de Silva und der buddhistische Mönch Migettuwatte Gunananda, beide Singhalesen, lieferten sich über mehrere Tage vor gut tausend Zuhörern eine Debatte, in der Gunananda den argumentativen Sieg davontrug (Bond, 1988). Die Broschüre mit dem Bericht über die Debatte fand den Weg zu den beiden Gründern der Theosophischen Gesellschaft, die deswegen nach Sri Lanka reisten und sich dort 1881 öffentlich zum Buddhismus bekannten. Um den antikolonialen Kampf der singhalesischen Buddhisten zu unterstützen, verfasste Olcott einen »Buddhistischen Katechismus« (1886), der den Buddhismus als eine rationale Religion darstellte. Anagarika Dhammapala, ein junger, vom buddhistischen Revival begeisterter Singhalese, wurde Sekretär der Theosophischen Gesellschaft in Sri Lanka und unter dem Einfluss von Olcott zum wichtigen Proponent eines modernisierten Buddhismus. Die Buddhalehre sei, so Dhammapala, rational, atheistisch, aufgeklärt, mit Naturwissenschaft verträglich und daher dem Christentum der Kolonialherren überlegen. Im Zuge des antikolonialen Kampfes verband sich dies mit einer starken singhalesisch-nationalistischen Agenda, die bis heute den Buddhismus in Sri Lanka prägt.

Ein weiterer Akteur der Modernisierung des Buddhismus, der japanische Mönch und Zen-Meister Soen Shaku, lebte und studierte 1887 bis 1890 in Sri Lanka. Er lernte hier Olcotts »Buddhistischen Katechismus« kennen und sah dessen aufgeklärte Interpretation des Buddhismus als Waffe gegen den Angriff christlicher Missionare (Baatz, 2019b). Im September 1893 trafen Soen Shaku und Anagarika Dhammapala einander beim Weltparlament der Religionen in Chicago. Als Vertreter des Buddhismus betonten beide in ihren Reden dessen Überlegenheit über das westliche Christentum. Der deutschamerikanische Freidenker Paul Carus freundete sich während dieser Zeit mit den beiden asiatischen Mönchen an. Sein Buch »The Gospel of the Buddha« (1894) zeichnete Buddha als Humanisten und Freidenker, dessen Lehre mit den Naturwissenschaften kompatibel sei (Carus, 1894/1991). Soen Shaku schickte seinen Schüler D. T. Suzuki zu Paul Carus in die USA, wo dieser von 1901 bis 1907 als Assistent von Carus arbeitete und Mitglied der Theosophischen Gesellschaft wurde. Suzuki wurde nach 1949 in den USA zum »Missionar des Zen-Buddhismus« und prägte das Bild des Zen-Buddhismus und des Buddhismus nachdrücklich. Das Netzwerk der Hauptakteure Soen Shaku, Anagarika Dhammapala und Paul Carus beeinflusste die Modernisierung des Buddhismus in Asien maßgeblich. Mit der Ankunft von asiatischen buddhistischen Lehrern wurde diese modernisierte Version nach 1945 in Nordamerika und Europa als authentischer und originaler Buddhismus wahrgenommen, wozu Bücher und Vorträge von D. T. Suzuki wesentlich beitrugen (McMahan, 2012).

Der Anspruch von Kolonialbeamten und der Mehrzahl der christlichen Missionare, als Weiße die »überlegene« Religion zu vertreten, führte in Indien unter gebildeten Hindus zur Besinnung auf die eigene Tradition, zu Neuinterpretationen der Veden und Upanishaden und zu Reformbewegungen. Gegen den Absolutheitsanspruch der Missionare stellten indische Gelehrte und Aktivisten die Überzeugung, dass die Hindu-Traditionen *sanatana dharma* seien, »ewige Wahrheit« oder »ewige Ordnung«, und daher seien alle anderen Religionen darin enthalten.[26] Diese inklusivistische Idee erlaubte Hin-

---

26 Auch in der europäischen Geistesgeschichte gibt es die Idee einer *philosophia perennis*, einer »ewigen Liebe zur Weisheit«, die in allen Religionen zu fin-

dus und auch Buddhisten, die christlichen Traditionen, mit denen sie durch den Kolonialismus konfrontiert waren, als untergeordnete Bereiche ihrer eigenen Traditionen zu sehen, woraus folgte, dass der Dharma – zentraler Begriff von Hindu-Traditionen und Buddhismus – allumfassend sei, keine Religion und daher jenseits aller Religionen. In den Hindu-Traditionen ist der Dharma eine kosmische Ordnung, die sowohl für die Natur als auch für das soziale Leben der Menschen gilt. Für Buddhistinnen und Buddhisten ist der Dharma die Lehre des Buddha, also die Lehre vom Leiden, von deren Ursache und dem Achtfachen Pfad zur Beendigung von Leiden, ebenfalls eine kosmische Ordnung.

Für Menschen in Asien war dieser Inklusivismus eine Reaktion auf den Kolonialismus. Für Menschen in Europa oder Nordamerika, die sich für die Hindu-Traditionen oder den Buddhismus interessierten, diente dieser Inklusivismus später als Brücke zu diesen anderen Denk- und Lebenswelten. Der Dharma sei die Essenz des Buddhismus, lasse sich nicht in konkrete Formen fassen, sei daher auch keine Religion und nicht in Widerspruch zur Wissenschaft: Diese Vorstellung eines überzeitlichen Dharma, der sich mit Idealen der Aufklärung und mit Naturwissenschaft verbinden lässt, ist ein geläufiger Topos der Wahrnehmung des Buddhismus in Europa und Nordamerika. Auch Achtsamkeitsströmungen profitieren von diesem Topos. So sind für Jon Kabat-Zinn MBSR und achtsamkeitsbasierte Interventionen in der inklusivistischen Vorstellung eines universalen Dharma begründet, der mit der Lehre des Buddha (»Buddhadharma«) übereinstimmt, ohne durch historische, kulturelle oder religiöse Erscheinungsformen ihrer Herkunftsländer begrenzt zu sein[27] (Kabat-Zinn, 2013; Purser, 2019).

---

den ist. Diese inklusivistische Idee geht auf die Antike zurück, auf die Philosophie der Stoa und das frühe Christentum.

27 »[…] grounded in a universal dharma understanding that is congruent with Buddhadharma but not constrained by its historical, cultural and religious manifestations associated with its counties of origin and their unique traditions« (Kabat-Zinn, 2013, S. 281).

4.2 Pursuit of Happiness: Die Entdeckung der Achtsamkeit

Bereits William James, Philosoph und Psychologe, hatte sich in seinem bahnbrechenden Werk über die »Vielfalt religiöser Erfahrung« (1902) mit buddhistischer Meditation ebenso wie mit Yoga befasst. Sigmund Freud, Vater der Psychoanalyse, betrachtete das »ozeanische Gefühl«, das er mit Meditation assoziierte, als eine Form der Regression, wie er in »Die Zukunft einer Illusion« (1927) ausführte (Baatz, 1996). Sein Schüler und späterer Antagonist C. G. Jung dagegen stand zwar der um 1900 enorm einflussreichen Theosophie sehr kritisch gegenüber, hatte aber großes Interesse an Religion und Spiritualität. Durch den Sinologen Richard Wilhelm lernte er 1928 taoistische Meditationspraktiken kennen, und für das 1939 auf Deutsch erschienene Buch von D. T. Suzuki »Die große Befreiung – Einführung in den Zen-Buddhismus« ortete Jung im Vorwort eine große Nähe von Zen-Buddhismus und Psychotherapie. Ähnlich sahen dies der Psychologe Erich Fromm und der Religionswissenschaftler Richard de Martino, die 1950 in Cuernavaca (Mexiko) D. T. Suzuki zum Gespräch trafen. Der Band »Zen-Buddhismus und Psychoanalyse« (Fromm, Suzuki u. Martino, 1960; dt. 1972) dokumentierte diese Begegnung und wird bis heute immer wieder aufgelegt, obwohl der Zusammenhang zur Psychoanalyse eher lose dargestellt wird. Erste klinisch-psychologische Untersuchungen von Meditation und Trance führte der Psychiater Artur Deikman Anfang der 1960er Jahre durch. Seine einflussreiche Studie »The Observing Self: Mysticism and Psychotherapy« inspirierte später Steven Hayes zur Entwicklung der Acceptance and Commitment Therapy (ACT) (Evans, 2020).

Die 1960er Jahre sahen den Beginn der Meditationsbewegung in den USA und Europa. Als Erste begeisterten sich viele Hippies für Meditation, und als dann die Beatles nach Indien gingen, um »Transzendentale Meditation« zu lernen, wurde Meditation populär. Die Transzendentale Meditation, auch TM genannt, die Maharishi Mahesh Yogi lehrte, ist eine vereinfachte und standardisierte Form der Mantrameditation. Das Ziel der Übungen ist Selbstentwicklung und inkludiert einerseits Entspannung und andererseits die Entwicklung von geistigen Fähigkeiten. Um TM in der amerikanischen und europäischen Öffentlichkeit zu legitimieren, führte Herbert Benson ab 1968 an der Harvard-Universität erste wissenschaftliche Untersuchungen von Meditationspraktiken durch, genauer gesagt, der mit TM verbundenen physiologischen Prozesse. Doch wurde TM nicht breitenwirksam: Es gab zu viele »fremde«, hinduistische Elemente darin; dazu kam ein impliziter Rassismus, denn der Maharishi entsprach in seinem Erscheinungsbild – dunkelhäutig und mit langem weißem Haar und Bart – dem Stereotyp des »orientalischen Mönchs« (Wilson, 2014, S. 80).

Dennoch hinterließ TM eine Spur in der Entwicklung der Biomedizin und Psychologie, denn Herbert Benson entwickelte Mitte der 1970er Jahre unter dem Eindruck der TM den »Relaxation Response« (Benson, 1975). Diese Methode arbeitet mit Fokussierung und Konzentration, um Entspannung und gesundheitsförderliche Zustände des Bewusstseins zu entwickeln. Bensons Studenten Dan Goleman, Richard Davidson und Tony Schwartz publizierten erste Untersuchungen zur Wirksamkeit von Meditation bei Stress (Goleman u. Schwartz, 1976; Davidson, Goleman u. Schwartz, 1976). Heute gehören Goleman und Davidson zu den führenden Köpfen der Mindfulness-Szene. 1980 veröffentlichte der Psychiater und Anthropologe Roger Walsh eine Studie zur Beziehung zwischen »Disziplinen des Bewusstseins« und Verhaltenswissenschaften, ein erster und wichtiger Schritt in Richtung einer Mind-Body-Medizin (Walsh, 1980). Ellen Langers Studie »Counterclockwise« aus dem Jahr 1979 (Alexander u. Langer, 1990) verschaffte dieser Perspektive großen Einfluss. Mit sozialpsychologischen Studien gelang es ihr, herkömmliche Unterscheidungen zwischen Geist und Körper – *mind and body* – in Frage zu stellen (siehe Kapitel 2.1). Im selben Jahr erschien die Dissertation von Jack Kornfield, der nach seiner Rückkehr aus Thailand in die USA Klinische Psychologie studiert hatte. In seiner Dissertation »The Psychology of Mindfulness Meditation« (1977) überlegte er, dass Achtsamkeitsmeditation für Schmerzpatienten nützlich sein könnte, ohne jedoch daraus praktische Konsequenzen zu ziehen (Wilson, 2014). Jon Kabat-Zinn hatte zwei Jahre später bei einem Retreat der von Kornfield mitbegründeten Insight Meditation Society die Idee, Achtsamkeit in der Schmerzklinik anzuwenden und dies auch klinisch zu evaluieren (siehe Kapitel 6).

Die Autorität, die in Asien buddhistischen Mönchen zukam, verlagerte sich in den USA und dann auch in Europa auf Laien (Wilson, 2014). Nicht wenige der Lehrerinnen und Lehrer durchliefen nach längeren und langen Aufenthalten in Klöstern in Myanmar oder Thailand zusätzlich noch eine psychotherapeutische Ausbildung. Dies schlug sich auch in Publikationen nieder – als Beispiel sei Jack Kornfields Buch »A Path with Heart« (1993), deutsch »Frag den Buddha und geh den Weg des Herzens« (1995) genannt. Die Verbindung von Buddhismus und Psychotherapie bekam eine gewisse Selbstverständlichkeit und unterstützte die Trägerinnen der neuen nichtmonastischen Autorität[28], deren Akteure überwiegend Weiße waren und sind. Der Autoritätsgewinn der Laien hatte Auswirkungen auf die Praxis. Klösterliche Retreats dauern oft zehn und mehr Tage. Für Menschen mit Familie und Beruf ist dies nicht einfach einzuplanen, Retreats wurden daher deutlich kürzer, und speziell bei Achtsamkeitstrainings überwiegt das Kursformat (ein Abend pro Woche, ein ganzer Tag »Retreat«). Doch selbst dieses von Kabat-Zinn eingeführte Acht-Wochen-Format ist für manche Anwenderinnen noch zu lang. Etwa wurden für das US-Militär vierwöchige Trainings – evidenzbasiert – entwickelt (Jha, 2020).

Buddhistische Konzepte mussten in den Hintergrund treten oder neu interpretiert werden, um Achtsamkeitspraxis anschlussfähig zu machen, also zu amerikanisieren (Wilson, 2014). Die fremden Vorstellungswelten wurden psychologisch oder metaphorisch als Symbole interpretiert (Wilson, 2014, S. 46): etwa die Vorstellung der Sechs Welten, in denen Wesen nach buddhistischer Auffassung wiedergeboren werden können – nämlich die Welt der hungrigen Geister, der streitenden Gottheiten, der Götter und Göttinnen, der Tiere, der Menschen und die Höllen (heiße und kalte). Hungrige Geister etwa werden in der buddhistischen Bilderwelt als total abgemagert und mit aufgeblähten Bäuchen dargestellt, unentwegt hungrig, aber mit dünnen Hälsen und kleinen Mündern, wodurch es schwierig für sie ist, zu essen und zu trinken. Wenn sie es schaffen, Nahrung

28 Dies entspricht Bourdieus Diagnose, dass Psychotherapeutinnen und Mediziner Positionen einnehmen, die früher Priestern zukamen (Bourdieu, 1992, S. 233).

in den Magen zu bekommen, verwandelt sich diese in Feuer – eine weitere Qual. In westlichen Publikationen werden sie entmythologisiert zu Symbolen für Suchtprobleme, Süchte, die Substanzen oder auch Gefühle betreffen, also zu psychologisierten Metaphern. Das scheint den Lehren des japanischen Zen-Meisters Bankei Eitaku (1622–1693) zu ähneln. Er fasst Wiedergeburt als Augenblicksereignis auf: Man ist im Moment zornig, gierig, zufrieden, benimmt sich tierisch oder leidet Höllenqualen. Die wechselnden Gemütszustände sind immer neue, augenblickliche Wiedergeburten (Waddell, 1988, S. 91). Es geht für Bankei um die Auflösung des zeitlichen Kontinuums der Wiedergeburt in momenthafte Situationen, die wahrzunehmen lange Meditationsübung und tiefes Verständnis voraussetzt. Eine psychologische Interpretation dagegen sieht hier biografisch begründete Haltungen, Gewohnheiten und psychische Probleme.

Karma, die Folge von Handlungen, bestimmt nach buddhistischer Auffassung die Wanderung durch die Sechs Welten. Eine häufige, modernisierte Interpretation von Karma formuliert das ethische und ontologische Konzept wie ein Naturgesetz, »wenn A, dann B«, und kappt den Bezug zur buddhistischen Kosmologie. Dieser naturalistische Fehlschluss findet sich öfter in Literatur zum Buddhismus und so auch bei Kabat-Zinn (1994, S. 220). Karma erscheint so als alles erklärende kausale Verknüpfung von »Ursache und Wirkung«, was nicht der buddhistischen Sicht entspricht (Baatz, 2013; 2019a; Halbfass, 2000).

Unterweisungen in Achtsamkeit konzentrieren sich nun auf methodische Fragen und das »Wie« der Übung. Ethische Haltungen, die im buddhistischen Kontext unbedingt zur Praxis der Achtsamkeit dazugehören, verschwinden aus den Darstellungen mit der Begründung, Ethik sei in der Achtsamkeitspraxis implizit enthalten. Diese Zurückhaltung gegenüber monastischer Autorität und buddhistischer Ethik resultiert auch aus einer Um- und Neudefinition der Übung im »amerikanischen Buddhismus«. Jeff Wilson zitiert die buddhistische Lehrerin Janet Taylor[29]: »American Buddhism is not about being Buddhist. It's using the practices of Mindfulness,

29 Sie gehört einer tibetischen Linie an, die der Rime-Bewegung nahesteht; ihr Lehrer ist der amerikanische Lama Surya Das.

Meditation, and Visualisation to ease suffering and to be happy [...]. The Buddha was this man who emphasized he was just a regular guy, not a god or anything special, except that he was ›awake‹ [...]. The Buddha taught that EVERYONE has the potential to awaken, to be fully present and to live abundantly in each moment. He encouraged anyone hearing his teachings not to believe him just because he said it. [...] If you find a thought, a practice, an action that adds value to your life, keep doing it. If not, toss it aside. Buddhism is the opposite of many other ›isms‹, because you are enthusiastically encouraged to think for yourself« (Taylor, zit. nach Wilson, 2014, S. 51).

Das Argument, der Buddhismus sei kein »-ismus«, sondern beruhe auf Selbstdenken, sei also aufgeklärte Spiritualität, ist Standard der durchschnittlichen Buddhismusrezeption seit dem 19. Jahrhundert. Die Suche nach dem »Ende des Leidens« bekommt hier nun aber eine neue, utilitaristische Orientierung: Es geht um *pursuit of happiness*, um Glücksvermehrung für das eigene Leben. Achtsamkeit wird zu einem »spirituellen Idiom« in der Gattung der Selbsthilfeprogramme. Die wichtigsten Begriffe in Veröffentlichungen zu Achtsamkeit sind *ordinary, simple, easy, gentle*, und *everyday*, wie Wilson feststellt: »Instead of an arduous, lifelong process attempted in a renunciatory, monastic religious context, the original context of mindfulness is obscured. Rather, mindfulness is promoted as providing instant benefits that can be gained after a single trial attempt at meditation practice« (Wilson, 2014, S. 53).

Ein entscheidender weiterer Schritt war die Medikalisierung von Achtsamkeit, beginnend mit dem MBSR-Projekt. Er wolle Meditation so »commonsensical« machen, dass sie für alle attraktiv sein könne, nicht nur für traditionsbewusste Asiaten oder »durchgeknallte« Hippies, erklärte Kabat-Zinn der Zeitschrift »Tricycle« (Graham, 1991). Das MBSR-Projekt sollte Achtsamkeit aus dem Kontext der buddhistischen Übung überführen in das Bezugssystem der Naturwissenschaft, der Medizin samt Psychologie und Psychiatrie und des Gesundheitswesens: »The intention and approach behind MBSR were never meant to exploit, fragment or decontextualize the dharma, but rather to *recontextualize* it within the framework of science, medicine (including psychiatry and psychology) and healthcare, so that it would be maximally useful to people who could not hear it or enter into it through the more traditional dharma gates, whether they were doctors or medical patients or hospital administrators or insurance companies« (Kabat-Zinn, 2013, S. 288).

Diese US-amerikanische Version von Achtsamkeit bekam in der Folge globalen Einfluss. Etwa sind von den fast 200 Autoren des Arbor-Verlags, dem führenden deutschen Verlag zum Thema Achtsamkeit, nur rund 10 Prozent deutschsprachig; alle übrigen Autoren werden aus dem Englischen übersetzt. Zudem wird Englisch als globale Lingua franca nicht nur in Nordamerika und Europa, sondern auch von den gebildeten Eliten in buddhistischen Ländern rezipiert, wo Achtsamkeit als amerikanischer, »westlicher« Rück-Import in Kliniken eingesetzt wird.

Achtsamkeit global hat zwei Gesichter: Das eine Gesicht ist die dem Buddhismus entstammende Übung, um in einem umfassenden Sinn heil zu werden, das andere Gesicht ist eine biomedizinische Methode, die zur Unterstützung bei Krebserkrankungen, chronischem Schmerz, aber auch bei Asthma oder psychiatrischen Diagnosen eingesetzt werden kann (Wilson, 2014, S. 97), aber ebenso für psychotherapeutische Interventionen oder als Selbsthilfemethoden in der Populärpsychologie. Die Medikalisierung und damit verbunden die Verwissenschaftlichung (im Sinne einer naturwissenschaftlichen Interpretation) von Achtsamkeit verändert zudem die Selbstwahrnehmung der buddhistisch Praktizierenden zugunsten einer Enttraditionalisierung. Nicht selten wird auch unter buddhistisch Praktizierenden therapeutische Achtsamkeitspraxis als buddhistische Praxis angesehen, und traditionelle Aspekte, die als nicht »therapeutisch« oder »wissenschaftlich« etikettiert werden können, gelten als störend oder nicht dem korrekten Verständnis entsprechend (Wilson, 2014, S. 102).

5 Tradition(en) der Achtsamkeit

5.1 Was übersetzen Übersetzungen?

»Seien Sie achtsam«, mahnt die freundliche Stimme in der Wiener U-Bahn. Kosmetik, Reisen, Kochen, Kindererziehung – überall lässt sich das Adjektiv »achtsam« davorsetzen. Als Fachvokabel bezeichnet Achtsamkeit in Psychotherapie und Coaching »Mindfulness Based Interventions« (MBI) oder auch eine Haltung von Psychotherapeuten (Harrer u. Weiß, 2016). Zudem gibt es verschiedene Curricula, die Achtsamkeit einüben oder als Grundlage nehmen. Das erste und bekannteste ist das bereits erwähnte, von Jon Kabat-Zinn entwickelte Mindfulness Based Stress Reduction (MBSR). In den Neurowissenschaften charakterisiert man Achtsamkeit als eine Form der Übung (eine Tätigkeit), als einen Zustand (state), als eventuell auch länger anhaltende Wirkung von Achtsamkeitsübungen und als einen Verhaltens- oder Charakterzug (trait), den jemand durch längere Übung entwickeln kann (Goleman u. Davidson, 2017).

Den ersten europäischen Übersetzern des buddhistischen Pali-Kanons diente »achtsam« bzw. »mindful« als Wiedergabe verschiedener Termini der Meditationspraxis. Heute gilt achtsam/»mindful« als geläufige Übersetzung des Pali-Wortes *sati.* Ob damit dessen Bedeutung genau wiedergeben wird, ist keine triviale Frage. Übersetzungen sind Interpretationen, die aus der Sprache der Übersetzung und dem Vorverständnis der Übersetzerin kommen und damit der Bedeutung des Übersetzten eine Ausrichtung geben können, die im Original vielleicht nicht so gemeint ist.

Europäischer Kolonialismus, aber auch Christentum, deutsche Philosophie und die neue Empirische Psychologie des 19. und beginnenden 20. Jahrhunderts sind Kontexte der ersten Übersetzungen. Die früheste stammt wahrscheinlich von dem in Sri Lanka tätigen

Methodisten-Missionar Daniel Gogerly, der 1845 *sati* einfach als »meditation« übersetzte. Etwas später gab sein Kollege Robert Spence Hardy (1803–1868) *sati* als »conscience«, »Gewissen« wieder (Lopez, 2012, S. 94). Beide sahen den Buddhismus kritisch, anders als der in Thailand stationierte britische Diplomat Henry Alabaster. Dieser Kenner und Bewunderer der buddhistischen Kultur Siams verwendete 1857 erstmals »mindful« als Übersetzung von *sati*. Thomas William Rhys Davids (1843–1922), langjähriger Beamter des britischen Civil Service in Sri Lanka, Sanskrit- und Pali-Gelehrter, Dozent an britischen Universitäten und Gründer der Pali Text Society (1881), übersetzte ebenfalls *sati* mit »mindful«, ein Wort, das schon in der ersten englischen Bibelübersetzung aus dem 14. Jahrhundert dokumentiert ist (Shaw, 2020, S. 13 ff.).

Für die erste deutsche Übersetzung des Pali-Kanons durch Karl Eugen Neumann (1865–1915) war vor allem Schopenhauers Philosophie richtungweisend. Auch wenn Neumanns Übersetzung der »Reden Gotamo Buddhas« (1895–1906, 1957) heute als überholt gilt, war sie eine enorme Pionierleistung. Karl Eugen Neumann verwendete für *sati* das Wort »Einsicht« und reservierte »Achtsamkeit« für allgemeinere Begriffe wie etwa *bhāvanā* (»Kultivierung«). Ein anderer Buddhismuskenner dieser Epoche, der Arzt und Übersetzer Paul Dahlke, verwendete »Vernunft« als Übersetzung von *sati* (Schmid, 2015, S. 33).

Die für den heutigen Gebrauch maßgebliche Festlegung erfolgte durch die beiden Mönche Nyanatiloka (1878–1957) und Nyanaponika (1901–1994). Beide – gebürtige Deutsche, die den größten Teil ihres Lebens in Sri Lanka verbrachten – beziehen sich auf Philosophie und Psychologie zu Anfang des 20. Jahrhunderts. Nyanatiloka (Anton Walter Florus Gueth) stammte aus Wiesbaden und wurde 1904 als buddhistischer Mönch ordiniert. Er verfasste unter anderem das bis heute viel benutzte »Buddhistische Wörterbuch« (erstmals erschienen 1952). *Sati* wird darin unter anderem sowohl als »achtsam« als auch als »eingedenk sein« übersetzt (Nyanatiloka, 1952/1983, S. 203; siehe Kapitel 5.3). Nyanaponika (Siegmund Feniger) kam aus Hanau bei Frankfurt am Main und wurde 1937 buddhistischer Mönch. Sein erstmals 1950 auf Deutsch und dann auch auf Englisch erschienenes Buch »Geistestraining durch Achtsamkeit« gilt bis heute als Klassiker.

Das naturwissenschaftliche Interesse an Achtsamkeit formierte sich erst im letzten Jahrzehnt des 20. Jahrhunderts. Der historische, kulturelle und religiöse Kontext der Achtsamkeitspraxis spielt für den medizinischen, naturwissenschaftlichen Blick keine Rolle – und das auch in Ländern, in denen Achtsamkeit eine lebendige populäre religiöse Praxis und ein wichtiges kulturelles Konzept darstellt.

Dieser Umstand kann zu merkwürdigen Verwerfungen führen, wie die Ethnologin J. L. Cassaniti (2018) berichtet. In einem psychiatrischen Krankenhaus in Chiang Mai, im Norden Thailands, traf sie einen Bekannten, der dort als Patient interniert war. Er sei in der Psychiatrie, weil es ihm an »Achtsamkeit« *(sati)* fehle, sagte er. Die Frage der Ethnologin, ob die Ärzte sich bemühten, dass er wieder achtsam werde, verneinte er. Er bekomme eine Menge Medikamente. Wenig später erklärte die leitende Krankenschwester der Station der Ethnologin, dass es im Krankenhaus für das Personal Achtsamkeitskurse gebe, die sich an den Vorgaben der aus den USA kommenden MBSR-Methode von Jon Kabat-Zinn orientierten. Auf die etwas irritierte Frage der Forscherin, wieso sie als Buddhistin in einem buddhistischen Land wie Thailand das amerikanische säkulare Konzept einführte, erwiderte sie: »Wir bekommen aus den USA Geldmittel dafür.« Achtsamkeit sei ein zutiefst buddhistisches Konzept, doch als Krankenschwester könne sie nicht wie eine lokale Buddhistin mit Gebetskette usw. auftreten (Cassaniti, 2018, S. 5). Cassaniti veranlasste dies zu einem umfangreichen Forschungsprojekt (ausführlicher in Kapitel 9).

Die kleine Anekdote deutet den Spannungsbogen an, in dem sich jede Diskussion über Achtsamkeit bewegt, auch wenn dies selten thematisiert wird. Man kommt ohne Blick auf Herkunft und Geschichte nicht aus, es sei denn, man möchte das neurowissenschaftliche und psychologische Verständnis von Achtsamkeit zur Doktrin erheben.

5.2 Achtsamkeit vorbuddhistisch

Das Konzept »Achtsamkeit« kommt aus einer Zeit und Kultur, in der das Leben durch Ackerbau und Viehzucht bestimmt war. Ab dem Ende des 2. Jahrtausends v. u. Z. wanderten im Laufe von Jahrhunderten aus Zentralasien Stammesverbände der Arier in die

Gangesebene ein. Ihre Götter und Opferriten zeigen eine gewisse Verwandtschaft mit kleinasiatischen und griechischen Göttern. Das kann man den Veden entnehmen, die ungefähr ab dem Ende des 2. Jahrtausends entstanden. Feueropfer wurden von Brahmanen-Priestern geleitet, die durch die Kraft ihrer inspirierten Rezitation, durch die Kraft des Wortes – der weiblichen Gottheit *vāc* zugeordnet – die Gottheiten wohlwollend stimmen wollten. Die Stimme, der inspirierte Gesang, spielt auf dem indischen Subkontinent bis heute eine wichtige Rolle. Noch immer werden die Veden von Brahmanen auswendig in einem speziellen Sprechgesang rezitiert, begleitet von Gesten, wie dies auch in der klassischen indischen Musik gepflegt wird.

Die Gesänge, mit denen Brahmanen die Gottheiten erreichen wollen, heißen *smṛti,* Sanskrit für Erinnertes – das Wort hat dieselbe Wurzel wie *sati.* Die Verbindung von Achtsamkeit und Gedächtnis kommt nicht von ungefähr. Denn körperliche und geistige Präsenz, Achtsamkeit, ist bei der Rezitation der auswendig gelernten Gesänge entscheidend – sonst haben sie keine Kraft. Dazu müssen die Gedanken »diszipliniert« werden (Sujato, 2012, S. 155), um in der Gegenwart zu bleiben und so den Gesang gegenwärtig zu machen. Das geht nur, wenn der Atem den Körper belebt und stark macht.[30]

Am Ende der vedischen Epoche wird der äußere Opferritus zu einem inneren Opfer transformiert, zu Übungen, in denen der Atem die Funktion des Opferfeuers übernimmt (Kaelber, 1989, S. 96; Eliade, 1985, S. 11). In den Upanishaden (also ab ca. 900 v. u. Z.) ersetzt individuelle Meditation in der Abgeschiedenheit des Waldes das Feueropfer oder wird sogar als überlegen in seiner Wirkkraft *(karma)* angesehen (Tull, 2004, S. 321). Die meditative Haltung bei der Verehrung der Gottheiten oder des Lehrers wurde als »in der Nähe Sitzen« *(upasana)* bezeichnet – *upa* heißt »in der Nähe« und *asana* »sitzen«. Man konzentrierte sich auf ein Objekt, etwa Sonne, Licht, Raum, Wind, den

30 In der Chandogya Upanishad wird erzählt, wie Vater und Sohn 16 Tage fasten, der Vater dann die Erinnerung des Sohnes an die Gesänge testet und der Sohn versagt – bis er wieder Nahrung bekommt. Wie Feuer flammt sein Gedächtnis auf und er kann sich an die Veden erinnern. Nun versteht er, was der Vater meinte: »Geist kommt von Nahrung, Atem von Wasser, Rede von Feuer« (C U 6.8.5-6) (Sujato, 2012, S. 154).

Laut »Om«, auf den Atem oder »›das‹ als Geist« (Sujato, 2012, S. 156). Ähnliche Übungsweisen finden sich in der buddhistischen Tradition, wobei da die Konzentration auf den Atem zentral ist.

5.3 Pali-Kanon

Die Meditationsübungen des Pali-Kanons bauen auf Übungen auf, die zur Zeit des Buddha offenbar unter Asketen verbreitet waren. Die Lehrreden sollen der Überlieferung nach auf Buddha Shakyamuni selbst zurückgehen und wurden zuerst mündlich weitergegeben. Erst später wurden sie verschriftlicht. Geläufig ist heute die Pali-Version aus dem 1. Jahrhundert v. u. Z. aus Sri Lanka. Die erhaltenen Manuskripte dieser Version stammen allerdings erst aus dem 8. Jahrhundert. Die Pali-Tradition ist nach neuen Forschungsergebnissen nicht die einzige Überlieferung der Lehrreden des Buddha: Erhalten sind viel ältere Fragmente von Manuskripten, verfasst in Kharoṣṭhī und auf Birkenrinde geschrieben, aus der Kultur von Gandhara (heute Afghanistan, 3. bis 1. Jahrhundert v. u. Z.).

Der Pali-Kanon umfasst mehrere tausend Lehrreden, die in fünf großen Sammlungen gruppiert sind. In diesen Sutren legt der Buddha den »Achtfachen Edlen Pfad« dar, der zum Erlöschen von Gier, Hass und Verblendung, also zu Nirwana führt: eine Verbindung von meditativer Versenkung *(samādhi),* ethischen Regeln *(śīla,* Pali *sīla)* und Weisheit bzw. weiser Unterscheidung *(prajñā,* Pali *pañña).* Meditative Praktiken wie Rezitation der Sutren, Studium der Texte und Meditation im engeren Sinn machen *bhāvana* (Pali *bhāvanā*) »kultivieren, hervorbringen« aus, das am besten als Selbstkultivierung zu übersetzen ist.

Die Sutren beginnen mit »So hörte ich«, sie werden in der ersten Person erzählt und sind Zeugnisse einer Überlieferung, keine wissenschaftlichen oder philosophischen Texte. Aufzählungen und Wiederholungen dienen als Gedächtnisstütze beim Auswendiglernen, sind charakteristische Stilelemente alter indischer Texte und erzeugen ein Netz von Querverweisen, die einem Begriff verschiedene Bedeutungsschichten, Konnotationen und Schattierungen verleihen. Das Wort *sati* erscheint etwa unter anderem in einer Liste von spirituellen Fähigkeiten *(indriya),* als Glied des »Achtfachen Pfades«

und als eines der »Sieben Glieder des Erwachens«. Die psychischen Funktionen (ein Konzept, das es zur Zeit des Buddha nicht gab), die *sati* zugeschrieben werden, involvieren unter anderem Gewahrsein, Wachheit, Unterscheidung, Erinnerung, die aktive Ausrichtung auf und Verstärkung von positiven Zuständen (Shaw, 2020, S. 48). Sati ist auch »Erinnerungsfähigkeit« (Anālayo, 2010, S. 59)[31] – in der Betrachtung Erinnerung an die verschiedenen Aspekte der Lehre; eigentlich »das, was das Erinnern ermöglicht und leichter macht« (Anālayo, 2021, S. 60), also auch Gegenwärtigkeit im Augenblick, »Geistesgegenwart«, Gesammeltsein ohne Ablenkung. Akincano Weber nennt als psychologische Faktoren von Achtsamkeit unter anderem absichtsvolle Aufmerksamkeit, Vigilanz, Resonanzfähigkeit, Haftvermögen, Intentionalität, Eifer, Erforschung (also Reflexion auf die Angemessenheit der Übung), Besinnung und Geistesgegenwart. Geübt werden muss zeitliche Kontinuität und räumliche Stabilität der Achtsamkeit.[32]

5.3.1 Satipaṭṭhāna Sutta[33]

Sati zu üben – »unermüdlich, wissensklar, achtsam und frei von Verlangen und Betrübnis« – ist der direkte Weg zu Nirwana, heißt es zu Beginn des Satipaṭṭhāna Sutta, einer an Mönche gerichteten Lehrrede. In Kommentaren wird *patthāna* häufig als »Grundlage« übersetzt, doch ist aus textkritischen Gründen naheliegender, dass das Kompositum aus *sati* und *upatthāna* besteht, wobei Letzteres wörtlich »in der Nähe platzieren« bedeutet, sodass *satipatthāna* »Gegenwart von Achtsamkeit« bedeutet (Anālayo, 2010, S. 39 f.) oder auch »Präsenz der Achtsamkeit«, »mit Achtsamkeit anwesend sein« oder »achtsam anwesend sein« (Draszyk, 2022). Die vier *satipatthāna*-Betrachtungen richten sich auf die »Formationen« oder »Daseinsgruppen« (Pali *khandha,* Sanskrit *skandhāḥ,* wörtlich: »Anhäufungen«) menschli-

31 Siehe dazu auch Anālayo (2019b).

32 Dank an Akincano M. Weber für Erlaubnis, aus seinem unveröffentlichten Manuskript: »Jenseits von Achtsamkeit. Schritte in die Geistesgegenwart« zu zitieren. Das Diagramm findet sich auch in https://learn.tricycle.org/p/mindfulness, »Mindfulness: Its origins, purposes and transformational power« (Zugriff am 11.11.2021).

33 Majjhima Nikāya 10.

cher Existenz: materielle Form (*rūpa*) oder Körperlichkeit, Gefühle (*vedanā*) oder Empfindungen, Bewusstsein (Pali *viññāṇa*, Sanskrit *vijnāna*) und *dhamma* (Pali, Sanskrit *dharma)*, die »Gegenstände des Bewusstseins« oder »Geistobjekte«, welche die beiden »Daseinsgruppen« Wahrnehmungen (Sanskrit *saṃjñā;* Pali *saññā)* und Willensregungen (Pali *saṅkhāra*, Sanskrit *saṃskāra)* umfassen, also das, was während der Übung Gegenstand von *sati* werden kann (Anālayo, 2010, S. 34 und 206).

Voraussetzung für diese Übungspraxis ist ein ruhiger und einsamer Ort und eine aufrechte, stabile Körperhaltung. Im Sutra heißt es, der Mönch soll »mit gekreuzten Beinen« sitzen. Dann beginnt die Unterweisung.[34]

»Lang einatmend weiß er: ›Ich atme lang ein‹, lang ausatmend weiß er: ›Ich atme lang aus‹; kurz einatmend weiß er: ›Ich atme kurz ein‹, kurz ausatmend weiß er: ›Ich atme kurz aus‹. Er übt sich so: ›Ich werde den ganzen Körper empfindend, einatmen‹; er übt sich so: ›Ich werde den ganzen Körper empfindend ausatmen‹; er übt sich so: ›Ich werde die Körperformationen beruhigend, einatmen‹; er übt sich so: ›Ich werde, die Körperformationen beruhigend, ausatmen.‹ Gerade wie ein geschickter Drechsler oder sein Lehrling, wenn er eine lange Drehung macht, weiß: ›Ich mache eine lange Drehung‹, oder wenn er eine kurze Drehung macht: ›Ich weiß, ich mache eine kurze Drehung‹, so weiß der Mönch lang einatmend auch: ›Ich atme lang ein‹, lang ausatmend weiß er: ›Ich atme lang aus‹, kurz einatmend weiß er: ›Ich atme kurz ein‹; kurz ausatmend weiß er: ›Ich atme kurz aus‹. Er übt sich so: ›Ich werde den ganzen Körper empfindend, einatmen‹; er übt sich so: ›Ich werde den ganzen Körper empfindend ausatmen‹; er übt sich so: ›Ich werde die Körperformationen beruhigend, einatmen‹; er übt sich so: ›Ich werde, die Körperformationen beruhigend, ausatmen.‹«

Das Sutra beschreibt einen Lernprozess der Desidentifizierung. Dem dient die Betrachtung der Bestandteile des Körpers und dessen Ver-

34 Hier in der Übersetzung von Bikkhu Anālayo (2010). Eine ältere Übersetzung ist abzurufen unter https://www.palikanon.com/majjhima/m_index_new.html.

gänglichkeit, des Entstehens und Vergehens von Gefühlen bzw. Empfindungen[35] und des Entstehens und Vergehens von Bewusstseinsprozessen und deren Gegenständen (dazu zählen sowohl innere als auch äußere Objekte, also Gedanken und Sinneswahrnehmungen). Während der Übung auftretende »Geistestrübungen« oder »Hindernisse« *(nīvaraṇāna)* – Begierden der Sinne, Übelwollen, Dumpfheit und Mattheit, Rastlosigkeit und Sorge, Zweifel können durch »nichtreaktives sati« erkannt und gelöst werden (Anālayo, 2010, S. 214). Unterstützend wirken vertiefte Achtsamkeit, Ausrichtung auf die Wahrheit des Dharma, Energie, Freude, Ruhe, Konzentration und Gleichmut (»Faktoren des Erwachens« – Pali *bojjhanga*).

5.3.2 Ānāpānasati Sutta[36]

Ort dieser Lehrrede ist der Palastgarten der Mutter eines reichen Laienschülers in Shravasti, der Hauptstadt des Königsreichs Kosala. Das Regenzeit-Retreat, eine Zeit intensiver Praxis für die Mönche, ist zu Ende. Zu Vollmond haben sich die Mönche zu gemeinsamer Besinnung (Pali *uposatha,* Sanskrit *upavasatha*) versammelt. Shakyamuni Buddha lobt die intensive und sehr diverse Praxis der Mönche und entfaltet, wie die Achtsamkeit auf den Atem zu großer Frucht und großem Nutzen führen kann.

Auch hier ist die Empfehlung, an einem abgeschiedenen Ort im Inneren des Waldes unter einem Baum mit verschränkten Beinen und aufgerichtetem Körper zu sitzen und dem Ein- und Ausatmen zu folgen. Der Prozess der Atemachtsamkeit folgt den vier Aspekten von Achtsamkeit (Körper, Gefühle, Bewusstsein und Gegenstände des Bewusstseins) und führt in einer Stufenfolge meditativer Versenkungen zu immer tieferem Verständnis und zu Befreiung in vier mal vier Abschnitten.

1. ein- und ausatmend langes Ein- und Ausatmen wahrnehmend, 2. Ein- und ausatmend kurzes Ein- und Ausatmen wahrnehmend, 3. Ein- und

35 Übersetzung nach Analayo, 2010. Für die Übersetzung buddhistischer Ausdrücke können verschiedene philosophische und psychologische Modelle verwendet werden, es gibt keine einheitliche Terminologie.

36 Majjhima Nikāya 118.

ausatmend den Körper im Atmen bewusst werden lassen, 4. Ein- und ausatmend, den Körper/Atmen allmählich ruhiger werden lassen,

5. Ein- und ausatmend ein Gefühl tiefer Freude empfindend, 6. Ein- und ausatmend ein Gefühl von Glückseligkeit empfindend, 7. Ein- und ausatmend die Geistesformationen wahrnehmend, 8. Ein- und ausatmend die Geistesformationen ruhig und friedvoll werden lassend,

9. Ein- und ausatmend den Geist bewusst wahrnehmend, 10. Ein- und ausatmend den Geist glücklich und friedvoll werden lassend, 11. Ein- und ausatmend den Geist konzentrierend, 12. Ein- und ausatmend den Geist befreiend,

13. Ein- und ausatmend die Unbeständigkeit aller Dharmas betrachten, 14. Ein- und ausatmend das Erlöschen aller Dharmas betrachtend, 15. Ein- und ausatmend die vollkommene Befreiung betrachtend, 16. Ein- und ausatmend das Loslassen betrachtend.

5.3.3 Metta Sutta[37]

Mettā (Pali) wird als »liebende Güte« übersetzt; das entsprechende Sanskrit-Wort, *maitri,* bedeutet »Freundschaft«. Das Metta-Sutra soll der Buddha zum Schutz von Mönchen gesprochen haben, die sich im Wald zur Meditation niedergelassen hatten und von Baumgeistern belästigt wurden. Dies erzählt der buddhistische Gelehrte Buddhaghosa (4. Jahrhundert) in seinem Werk »Visuddhi-Magga« (Nyanatiloka, 1927/2014). Das Sutra beschreibt das Verhalten von jemandem, der den Weg des Friedens kennt, aufrecht, weise und demütig ist:

»[...]
Wünschend: In Frohsinn und in Sicherheit,
Mögen alle Wesen sich wohlfühlen.
Was für Lebewesen es auch sein mögen;
Ob sie schwach oder stark sind, keines auslassend,
die Großen oder die Mächtigen, die Mittleren, die Kurzen oder
die Kleinen,
Die Gesehenen und die Ungesehenen,
Die in der Nähe und die in der Ferne leben,
Die Geborenen und die, die noch geboren werden –

37 Sutta Nipatta 1.8 142–152.

Mögen sich alle Wesen wohlfühlen!
Keiner soll den anderen täuschen
oder ein Wesen in irgendeinem Zustand verachten.
Keiner möge durch Zorn oder bösen Willen
einem anderen Schaden wünschen.
So wie eine Mutter ihr Kind mit ihrem Leben beschützt,
ihr Kind, ihr einziges Kind,
so sollte man mit grenzenlosem Herzen
alle Lebewesen wertschätzen;
Freundlichkeit über die ganze Welt ausstrahlen:
nach oben zum Himmel sich ausbreitend,
und abwärts bis in die Tiefe;
nach außen und grenzenlos,
frei von Hass und Übelwollen.
Ob stehend oder gehend, sitzend oder liegend,
frei von Schläfrigkeit,
sollte man dies achtsam aufrechterhalten.
Dies wird als das erhabene Verweilen bezeichnet.
Indem man nicht an festen Ansichten festhält
[…].«[38]

Die Übung von *mettā*, von »liebender Güte«, ist im Unterschied zu Übungen, bei denen auf den Atem fokussiert wird, nicht an eine bestimmte Körperhaltung gebunden. Doch geht aus den Anweisungen hervor, dass es auch hier um Achtsamkeit und Versenkung *(mettā-jjhāna sati)* geht, um Loslassen und Befreiung.

5.3.4 Nirwana: Erwachen und Befreiung

Die Übung von *sati* ist Basis sowohl für die Übung von *samatha* (Sanskrit *śamatha*) oder »Geistesruhe« (das Wort kommt vom selben Stamm wie *samādhi*, »Versenkung«) wie auch von Einsicht oder »Klarblick« (Pali *vipassanā*, Sanskrit *vipaśyanā*). Durch Meditation im Sitzen und Gehen mit Achtsamkeit auf den Atem kann sich je nach Intention das eine und das andere oder beides zusammen entwickeln.

38 https://www.accesstoinsight.org/tipitaka/kn/snp/snp.1.08.amar.html (Zugriff am 17.1.2022); Übersetzung U. B.

Metta-Meditation unterstützt die Entwicklung von Ruhe (Cousins, 1996, S. 38) und von *sati-sampajañña* (Sanskrit *saṃprajanya*), also Achtsamkeit mit Wissensklarheit. »Wissensklar« ist, wer nicht nur in der Meditation, sondern auch im Alltagsgeschehen achtsam bleibt, sodass Achtsamkeit die Handlungen und Bewegungen des Alltags begleitet. Es geht um einen Prozess der Selbstkultivierung: durch Einsicht in Vergänglichkeit, Ungenügen und Ichlosigkeit von allem, was erfahren wird, zum Erwachen aus Gier, Hass und Verblendung zu gelangen. Nirwana (Pali *nibbana,* Sanskrit *nirvāṇa*) unterliegt nicht dem Netz des Bedingten Entstehens[39], sondern ist unbedingt und daher frei. Im Pali-Kanon wird dies »das Todlose« (Pali *amatam,* Sanskrit *amṛta)* genannt. Nirwana ist das »Ungeborene, Ungewordene, ohne das es keinen Ausgang aus dem Geborenen und Gewordenen gibt« (Udāna VIII, 3).

In der Sprache der klassischen europäischen Philosophie geht es um Transzendenz: um jene Dimension, »ihr Mönche, wo es weder Erde noch Wasser noch Feuer noch Wind gibt; weder die Dimension der Unendlichkeit des Raumes, noch die Dimension der Unendlichkeit des Bewusstseins, noch die Dimension des Nicht-Seins, noch die Dimension von »Weder-Wahrnehmung-noch-Nicht-Wahrnehmung«; weder diese Welt, noch die nächste Welt, noch Sonne, noch Mond. Und dort, sage ich, gibt es weder ein Kommen noch ein Gehen, noch ein Verweilen; weder ein Vergehen noch ein Entstehen: unbegründet, unentwickelt, ohne Unterstützung [ohne geistiges Objekt]. Dies ist das Ende des Leidens« (Udāna VIII, 1).

5.4 Anfängergeist: Nichtdualistische Achtsamkeit im Mahayana

Der Begriff »Achtsamkeit« spielt nicht in allen buddhistischen Richtungen eine so zentrale Rolle wie im Theravada. Doch bezieht sich zum Beispiel im Zen-Buddhismus der »Anfängergeist«, shoshin (初心), den der Zen-Meister Shunryu Suzuki (1993) nahezu sprich-

---

39 Bedingtes Entstehen (Pali *paṭicca-samuppāda,* Sanskrit *pratītya-samutpāda*): die Bedingungen, die zu Wiedergeburt führen; dann auch die Summe der Bedingungen des Werdens und Entstehens.

wörtlich gemacht hat, ebenso wie die Mahamudra- und Dzogchen-Praxis im Tibetischen Buddhismus darauf, mit einer Ausrichtung auf nichtdualistische Achtsamkeit.[40] Alle diese Richtungen werden zum Mahayana-Buddhismus gezählt, der um das 1. Jahrhundert v. u. Z. Gestalt angenommen hat.

Bis vor wenigen Jahren galt der Pali-Kanon als die älteste schriftliche Überlieferung und damit als der ursprüngliche Buddhismus. Mittlerweile ist klar, dass es eine mindestens ebenso alte, eigenständige Überlieferung im Norden des indischen Subkontinents gab. Davon zeugen die arg fragmentierten Birkenrindenrollen, die Räuber wahrscheinlich in den 1990er Jahren in den Grenzregionen von Afghanistan und Pakistan ausgruben und die sich heute im British Museum befinden. Diese Textzeugen der griechisch-indischen Gandhara-Kultur werden zwischen dem 3. und 1. Jahrhundert v. u. Z. datiert. Geschrieben sind die Texte in Kharoṣṭhī, einer Schrift, die auch in Zentralasien benutzt wurde. Die Geschichte des Buddhismus gleicht also eher dem Wassernetz eines unregulierten Flusses als den Verästelungen eines Baumes (Allon u. Salomon, 2010; Heuman, 2011). Spätestens ab dem Zweiten Konzil, ungefähr 100 Jahre nach dem Tod des Buddha[41], gab es divergierende Auffassungen im buddhistischen Sangha, und im Laufe der Zeit entstanden viele verschiedene Richtungen, deren Philosophien unter dem Titel *Abhidharma* (Pali *Abhidhamma*) in verschiedenen umfangreichen Kompendien zusammengefasst wurden.[42]

Durch die Reflexion der Meditationspraxis entstehen umfangreiche Landkarten des Geistes, um die Übung zu unterstützen und »geschickte Mittel« gegen die Befleckungen des Geistes durch die drei Gifte Gier, Hass und Verblendung zu finden. Im 4. Jahrhundert reiste der buddhistische Gelehrte Buddhaghosa aus Nordindien nach Sri Lanka, um die dortige buddhistische Tradition zu studie-

40 In der Tradition des thailändischen Theravada-Reformmönchs Ajahn Buddhadasa wird ebenfalls nichtdualistische Achtsamkeit geübt, wie Dunne (2015) festhält.

41 Also ungefähr 380 v. u. Z. oder 280 v. u. Z., je nachdem, wann das Parinirwana (Tod) des Buddha angesetzt wird.

42 Ein guter Überblick findet sich auf www.abhidhamma.de (Zugriff am 16.11.2021).

ren. Daraus wurde ein bis heute für die Meditationspraxis des südlichen Buddhismus relevantes Werk, der »Visuddhi Magga« (Weg der Reinigung), das zum »Abhidamma« zählt. Ein weiteres wichtiges Kommentarwerk des nördlichen Buddhismus, das »Abhidharmakosa« (Schatzkammer des Abhidharma) des Vasubhandu, geschrieben im 4. oder 5. Jahrhundert, bietet eine neue Orientierung für Meditierende, indem der Text sich auf die von Gier, Hass und Verblendung freien Faktoren des Geistes konzentriert (Shaw, 2020).

Das Vissudhi Magga beschreibt – mit Bezug auf die Pali-Suttas –, wie nach einiger Übung der Achtsamkeit auf den Atem bestimmte »Zeichen« auftreten, zum Beispiel gewisse optische Wahrnehmungen, die den Meditierenden helfen können, den Fokus aufrechtzuhalten, und die für die Übung relevant sind (Harvey, 1986). Erfahrungen der Meditationspraxis gehören zum »Weltlichen« (*lokuttara*), in dem alles Entstehen und Vergehen einander wechselseitig bedingt (Sanskrit *pratītya-samutpāda,* Pali *paṭicca-samuppāda*). Nirwana ist in diesem Sinne keine Erfahrung, da es ohne Bedingung ist und daher ohne Entstehen und Vergehen, leer, wunschlos, ohne Verblendung und ohne Hass und eben auch »zeichenlos«. In der Übungspraxis kann die Dimension des Zeichenlosen aus der Sicht der Theravada-Überlieferung als vorübergehende Erfahrung von Versenkung bzw. Vertiefung (Pali *jhāna,* Sanskrit *dhyāna*), das heißt als »Frucht der Übung« immer wieder auftreten (Harvey, 1986).

In den Birkenrindenrollen finden sich unter anderem Texte, die belegen, dass sich um das 1. Jahrhundert v. u. Z. auch eine andere Übungspraxis herausgebildet hatte, bei der es von Anfang an darum geht, keine »Zeichen« zu ergreifen (Orsborn, 2014). Es ist ein »Yoga der Nichtergreifung« (Attwood, 2021), denn der Fokus dieser Praxis liegt auf der »Nicht-Aneignung« von Zeichen. Man könnte diese Art von Übung als einen »zeichenlosen« Weg charakterisieren: Auch wenn »Zeichen« eine Rolle spielen können, richtet sich die Übung auf »Leere« und kultiviert »Versunkenheit« (Sanskrit *dhyāna*)[43]. In der Praxis des Ch'an bzw. Zen zum Beispiel wird der Atem nicht

43 Das Sanskrit-Wort *dhyāna* (Pali *jhāna*), Versunkenheit, wird im Chinesischen *Ch'an* ausgesprochen bzw. transkribiert, im Japanischen *Zen,* im Koreanischen *Seon* und im Vietnamesischen *Thiền* (siehe Fußnote 6).

zum »Objekt« gemacht, sondern gesammelt auf »Nicht-Denken« und »Nicht-Wollen« soll die Übende sich im Zählen des Atems selbst vergessen (Ueda, 2011, S. 103), also aus dem Dualismus der Wahrnehmung aussteigen.

Es geht um eine Dimension, die der zeitgenössische japanische Zen-Philosoph Nishitani als »Doppelbelichtung« beschreibt (Nishitani, 1982). Nirwana und Samsara (das Wandern im Kreislauf der Wiedergeburten) sind aus einer geläufigen, aber auch viel diskutierten Perspektive des Mahayana nicht getrennt, sodass es heißen kann: »Nirwana ist Samsara«. »Alle Wahrnehmung hört auf, die Vielfalt kommt zur Ruhe, und es herrscht Frieden. Nirgends ist irgendwem irgendeine Lehre von Buddha verkündet worden«, schreibt der indische Philosoph Nāgārjuna (ca. 150–200) in Kapitel 25 der »Wurzelverse des Mittleren Weges« (*Mūlamadhyamakakārikā*, Frauwallner, 1956, S. 199).

Im »Herz-Sutra«, einem der am häufigsten rezitierten Texte des Mahayana-Buddhismus, erklärt der (transzendente) Bodhisattva Avalokiteshvara dem Shariputra, einem der Jünger Buddhas, dass »Leere« sich auf das In-der-Welt-Sein von Menschen bezieht, das als »Anhäufung« (Pali *khandha*, Sanskrit *skandhāḥ*, siehe Kapitel 5.3.1) von materieller Form, Wahrnehmungen, Gefühlen, Willensregungen, Bewusstsein und Gegenständen des Bewusstseins verstanden wird.

»Hier, Shariputra, ist Form Leerheit, Leerheit ist Form; Leerheit ist nicht getrennt von Form, Form ist nicht getrennt von Leerheit; was immer Form ist, ist Leerheit, was immer Leerheit ist, ist Form. Hier sind alle Dharmas durch Leerheit definiert, nicht durch Geburt oder Zerstörung, Reinheit oder Verunreinigung, Vollständigkeit oder Mangel. Deshalb gibt es in der Leerheit keine Form, keine Empfindung, keine Wahrnehmung, keine Erinnerung und kein Bewusstsein; kein Auge, kein Ohr, keine Nase, keine Zunge, keinen Körper und keinen Geist; keine Form, keinen Klang, keinen Geruch, keinen Geschmack, kein Gefühl und keinen Gedanken; kein Element der Wahrnehmung, vom Auge bis zum begrifflichen Bewusstsein; kein Bedingtes Entstehen von Unwissenheit bis zu Alter und Tod, und kein Ende des Bedingten Entstehens von Unwissenheit bis zu Alter und Tod; kein Leiden, kein Entstehen, kein Vergehen, kein Pfad; kein Wissen, kein Erlangen und kein Nicht-Erlangen« (Pine, 2005, S. 1–3, Übers. U. B.).

Diesen »zeichenlosen« Übungsweg hat in China die Ch'an-Tradition ab dem 7. Jahrhundert und in Tibet ab dem 9. Jahrhundert die Dzogchen- und Mahamudra-Schule aufgenommen. Die Ch'an-/Zen-Tradition hat auch die heutige Achtsamkeitsbewegung beeinflusst.

Zuòchán (japanisch *zazen* – 座禅) bedeutet »Sitzen in Versunkenheit« – gemeint ist eine Haltung der Sammlung, Offenheit und selbstvergessenen Hingabe, die im Sitzen geübt wird, aber sich nicht aufs Sitzen in Meditation beschränkt. Es ist eine Übung für Körper-Geist als Einheit. Der japanische Philosoph Shizuteru Ueda, der zur Kyoto-Schule zählt, beschreibt die Zen-Übung zunächst als ein Stimmen des Körpers, des Geistes und des Atems. Es geht um Verkörperung und Verwirklichung im buchstäblichen Sinn. Übende sitzen aufrecht, in einer Variante des Lotussitzes (wenn möglich), und legen die Hände ineinander, sodass die Daumen einander berühren. Es ist »ein Zusammenbinden zur konkreten Sammlung. Diese Haltung ist auch eine Verkörperung der Lage, in der es keinen Gegenstand, keinen Gegensatz gibt« (Ueda, 2011, S. 101). Die Augen sind halb geöffnet und auf einen Ort am Boden etwa dreiviertel Meter entfernt gerichtet, ohne zu fokussieren. Es ist weder »sehen noch nicht sehen« (S. 102). Das Stimmen des Geistes erfolgt so, dass der Geist »in die vollkommene Gesammeltheit hineingeht«, gesammelt auf »Nichts. Nichts-Denken, Nichts-Wollen« (S. 102). Das Stimmen des Atems geschieht durch natürliches Atmen durch die Nase, wobei der Impuls für den Atem aus dem Bereich unterhalb des Nabels und nicht aus dem Brustbereich kommt. Die Haltung ist wach, gegenwärtig, selbstvergessen – und zugleich motiviert durch die existenzielle Grundfrage nach Leben und Tod. Es ist als Übung eine »Übung des Nicht-Tun«, sagt der japanische Zen-Meister Keizan (1264–1325, Dumoulin, 1990, S. 64). »Zazen bedeutet das Ausfallen von Leib und Geist, die Trennung von Trübung und Erleuchtung, ein Zustand ohne Veränderung und ohne Bewegung« (S. 65).

Der Zen-Meister Bankei – er lebte im 17. Jahrhundert in Japan – erklärte nichtdualistische Präsenz so: Wo es keine egoistische Voreingenommenheit gibt, »entsteht keine Verblendung. Der Ort dieses

Nichtentstehens ist der Ort, an dem ihr seid, wenn ihr im Ungeborenen lebt« (Wadell, 1988, S. 96).[44]

Diese nichtdualistische Präsenz realisiert sich jederzeit im Alltag. Aus der frühen Geschichte des Zen in China sind viele Begebenheiten überliefert, die bis heute als Übungsbeispiele (Koan) für Zen-Übende verwendet werden. Zum Beispiel wird im Fall 7 des Zen-Klassikers »Mumonkan« von Zen-Meister Joshu (778–897) erzählt: »Ein Mönch kam zu Joshu und bat um Unterweisung. Joshu fragte: Hast du schon gefrühstückt?« Der Mönch sagte: »Ja.« Joshu sagte: »Geh und wasch die Schalen. Der Mönch hatte eine Einsicht« (Hui Kai [japanisch Mumon], 2011), mit anderen Worten, eine nichtdualistische Präsenz blitzte auf.

Auch in der Mahamudra- und Dzogchen-Praxis des tibetischen Buddhismus geht es um nichtdualistische Präsenz. Mahamudra bedeutet »Großes Siegel« und Dzogchen »Große Vollkommenheit« – beides signalisiert, dass es um zentrale Lehren geht. In einem Handbuch des Mahamudra aus dem 16. Jahrhundert von Wangchuk Dorje, dem 9. Karmapa, findet sich dazu eine Anweisung für Anfänger: »Hänge nicht der Vergangenheit nach. Dränge dich nicht in die Zukunft. Ruhe gleichmäßig im gegenwärtigen Bewusstsein, klar und ohne Konzepte« (nach Dunne, 2013, S. 80, Übers. U. B.). Weder soll man sich meditativ in einer Art Gedankenlosigkeit bewegen noch alles analysieren, was während der Meditation auftaucht. Der Geist soll einfach im natürlichen Zustand sein: »Entspannt, frei und einfach, entlass den Geist in Nicht-Ablenkung. Frei von Hoffnungen und Ängsten, leer von Bewertungen und Beurteilungen, sei sorglos und offen« (Dunne, 2013, S. 83, Übers. U. B.), heißt es bei Wangchuk Dorje. Diese Praxis ist eingebettet in sehr umfangreiche vorbereitende Übungen (*Ngöndro*), weitere Praktiken und Textstudium, in dem diese Übung der »bloßen Nicht-Ablenkung«, zu der während der Übung auch eine gewisse Suspendierung von Beurteilung und Ethik gehört, ihren praktischen wie theoretischen Ort hat (Dunne, 2015).

Grundlegend für die nichtdualistische Praxis des Ch'an bzw. Zen genauso wie des Mahamudra und Dzogchen ist die Ethik des Mit-

44 Das »Ungeborene« ist ein Ausdruck für Nirwana, siehe Kapitel 5.3.4.

gefühls des Bodhisattva-Ideals. Diese Haltung soll so selbstverständlich sein, wie wenn man in der Nacht im Schlaf nach dem Kopfkissen sucht. Die bildliche Repräsentation ist der Bodhisattva Avalokiteshvara, der Bodhisattva des Mitgefühls; er wird dargestellt mit tausend Armen und Händen und mehreren Köpfen, um die Hilferufe der Wesen hören und ihnen helfen zu können. Das präsentiert das Koan Nr. 89 der Sammlung »Smaragdblaue Felswand«: »Yun Yen fragte Tao Wu: Wofür braucht der Bodhisattva des Großen Mitgefühls so viele Hände? Wu sagte: Das ist so, wie wenn jemand mitten in der Nacht hinter sich greift und nach dem Kopfkissen sucht. Yen sagte: Ich verstehe. Wu sagte: Wie verstehst du es? Yen sagte: Der ganze Körper sind Hände und Arme. Wu sagte: Du sagst da was, aber es sind nur achtzig Prozent. Yen sagte: Wie verstehst du es, Älterer Bruder? Wu sagte: Der gesamte Körper sind Hände und Arme« (Cleary, 1977, S. 571, Übers. U. B.).

6 Kolonialismus in Südostasien

In Ländern wie Sri Lanka, Myanmar, Thailand, Kambodscha, Japan oder Vietnam gehört der Buddhismus noch immer ganz selbstverständlich zum Leben der meisten Menschen. Meditation und Versenkung (*samādhi*), weise Unterscheidungsfähigkeit (Pali *paññā*, Sanskrit *prajñā*) und ethisch korrektes Verhalten (Pali *sīla*, Sanskrit *śīla*) sind die drei zentralen Gruppen des Übungsweges, den der Buddha als Weg zum Erwachen gelehrt hat. *Sati*, Achtsamkeit, ist nicht nur für die formale Übung im Kloster reserviert, sondern auch eine Alltagsvokabel, die eine bestimmte Haltung der Geistesgegenwart und Selbstkontrolle bezeichnet (Cassaniti, 2018, S. 234 f.).

Der Alltagsbuddhismus ist in Asien jedoch vor allem an Fragen des »karmischen Verdienstes« orientiert: Man hält sich an moralische Regeln, verrichtet heilsame (gute) Handlungen, wozu unter anderem das Entzünden von Räucherwerk und Kerzen, in manchen Gegenden auch das Umwandern von Stupas oder Tempeln im Uhrzeigersinn gehört, ebenso wie Unterstützung für Mönche oder das Lauschen von deren Sutren-Rezitationen. All dies bringt karmische Verdienste für dieses und das nächste Leben. Mönche wiederum haben die Aufgabe, die Gesellschaft moralisch durch Belehrung und Bildung zu unterstützen, die Sutren zu rezitieren und als Vorbild zu fungieren.

Meditation war über Jahrhunderte in vielen Ländern vor allem des südlichen, des Theravada-Buddhismus nicht mehr selbstverständlicher Teil buddhistischer Praxis, auch nicht für Mönche. Erst die Konfrontation mit den Kolonialmächten – vor allem mit dem britischen Kolonialreich – führte zu einer Re- und Neuorientierung an der eigenen buddhistischen Tradition. Die Achtsamkeitspraktiken von heute wären ohne diese Erneuerungs- und Modernisierungsbewegungen nicht möglich. Das buddhistische Revival in Myanmar, Sri Lanka und Thailand gewann in der zweiten Hälfte des 19. Jahrhunderts im Zuge antikolonialer Bewegungen zunehmend an Momentum, ebenso in Japan. Eine wichtige Rolle spielten dabei die Aktivitäten der Theosophischen Gesellschaft und das Weltparlament der Religionen 1893 in Chicago. Bedeutende buddhistische Lehrer wie Ledi Sayadaw und Mahasi Sayadaw in Myanmar (damals die Provinz Burma in der britischen Kronkolonie Indien), Anagarika Dhammapala in Sri Lanka (damals die britische Kolonie Ceylon) oder Soen Shaku im unabhängigen Kaiserreich Japan, die zum Teil miteinander in Kontakt standen, trugen wesentlich zum Transfer des modernisierten Buddhismus in die Industriestaaten in Nordamerika und Europa bei. Auch die beiden aus Deutschland stammenden Mönche Nyanatiloka und Nyanaponika sind hier zu erwähnen, die mit ihren Publikationen Generationen von Achtsamkeitsübenden geprägt haben. In den 1950er und 1960er Jahren entdeckte der vietnamesische Mönch Thich Nhat Hanh die Achtsamkeitsübungen des Ānāpānasati-Sutras und brachte sie in Verbindung mit seinem intensiven sozialen Engagement. Er gilt – so wie auch der Dalai Lama – als einer der einflussreichsten spirituellen Lehrer des 20. und 21. Jahrhunderts.

6.1 Ledi Sayadaw (1846–1923)

Myanmar, damals Burma, befand sich seit 1885 vollständig unter britischer Herrschaft. Meditationspraxis war ein Minderheitenprogramm, auch unter Mönchen, obwohl bereits König Mindon (1808–1878) versucht hatte, Vipassana-Praxis bei Hof einzuführen. Nach der vollständigen Eroberung Myanmars schickten die Briten König Thibaw Min (1859–1916) ins Exil nach Indien: In seinem Roman »Glaspalast« beschreibt Amitav Ghosh (2006), wie der König mit seiner Familie auf einem elenden Karren durch die Straßen von Mandalay gefahren wird. Infolge des Exils des Königs fehlte nun der Schützer der Lehre des Buddha (Pali *sāsana*). In Burma galt von alters her der König als der Schützer des Dharma. Die Briten – bzw. Queen Victoria – hielten sich aus religiösen Strukturen heraus und übernahmen diese traditionelle Position nicht, sondern brachten christliche Missionare ins Land. Die burmesische Zivilgesellschaft mit ihrem hohen Bildungsniveau, das dem Einfluss der Mönche zu verdanken war, organisierte sich daraufhin und übernahm die Patronage von Mönchen und Klöstern (die traditionell von der Unterstützung durch Laien abhängig sind). Selbst die Examina der Mönche über ihre Kenntnis des Kanons wurden von Laiengruppen organisiert. Zudem begannen die Laien nun selbst, den buddhistischen Kanon zu studieren, was bis dahin Mönchen vorbehalten gewesen war. Die Mönche ihrerseits hielten Vorträge für Laien oder verfassten Kommentare für Laien, vornehmlich zum Abhidhamma, die in neu entstandenen Verlagen publiziert wurden (Braun, 2013).

Einer der populärsten und einflussreichsten Mönche der Zeit war Ledi Sayadaw (1846–1923). Ein Gelehrter mit profunder Kenntnis des Abhidhamma, erfahren in intensiver Meditationspraxis und zudem ein glänzender Prediger, verstand er es, die komplexen Analysen des Abhidhamma in eine anschauliche Sprache zu übersetzen. Dies erregte im monastischen Establishment auch Widerspruch, doch Ledi Sayadaw war überzeugt, dass der Buddhismus nur durch Meditationspraxis und gute Kenntnis der schriftlichen Tradition überleben könne. Die umfangreichen Klassifikationen des Abhidhamma sollten den Meditierenden Orientierung geben, sodass – wie es im Vorwort seiner Schrift über Einsichtsmeditation »Vipasana Dipani or Exposition of Insight« (Ledi, 2016) heißt – der Bezug der Meditationspraxis auf die drei allen Erscheinungen innewohnenden Charakteristika, nämlich Unbeständigkeit, Leidhaftigkeit, Nicht-Ich, gewährleistet ist.

Sein Engagement für buddhistische Laien machte Ledi Sayadaw zum radikalen Neuerer. Ende des 19. Jahrhunderts war Meditationspraxis in Myanmar (und auch sonst in Südostasien) nur etwas für eine kleine Elite von Mönchen (Braun, 2013, S. 33), die sich in abgelegene Klöster zurückzog. Traditionell galt die Übung von Geistesruhe (Pali *samatha*), die zu Versenkung führt, als Fundierung der Praxis, und erst wenn Mönche mit den Versenkungs- oder Vertiefungszuständen (Pali *jhāna*) vertraut waren und die Konzentration gut etabliert, begannen sie mit *Vipassana* (Einsichtsmeditation). Diese klassische monastische Form erfordert viel Zeit und Einsatz und war daher für Laien mit Beruf und Familie kaum möglich. Ledi suchte daher einerseits mit populären Abhandlungen und Kommentaren die Grundzüge der buddhistischen Lehre für Laien in einer

Art Landkarte auszulegen, die die Meditation begleitet. Andererseits empfahl er für Laien einen anderen Weg in der Meditation.

Atemachtsamkeit ist für ihn die Grundlage sowohl für Konzentration und Versenkung/Vertiefung wie auch für Einsichtsmeditation, wie er im »Anapana Dipani«, dem »Manual of Mindfulness of Breathing« (Ledi, 1904/1999) schreibt. Die erste Übung ist das Zählen des Atems oder auch das Wahrnehmen von langen oder kurzen Atemzügen. Dies soll zur Beruhigung der Gedanken führen – eine keineswegs einfache oder triviale Aufgabe. Vorausgesetzt ist eine Lebensführung, die fest in den Grundsätzen des Achtfachen Pfades verankert ist, also ethisch korrekt und den Regeln der Moral *(sīla)* entsprechend. Die Achtsamkeit auf den Atem ist grundlegend und beinhaltet, richtig geübt, alle Voraussetzungen, um Nirwana zu erlangen. »There are two places where the out-breath and in-breath may be grasped: the tip of the nose and the upper lip. For some people the striking of the breath is clearer at the tip of the nose; for others, it is clearer on the upper lip. Attention must be placed on the spot where the perception is clearest, which may be called the ›spot of touch‹« (Ledi, 1904/1999, S. 15).

Die Beschreibung ist technisch und sehr genau: Nur jeder klar bewusste Atemzug soll gezählt werden, und zwar in einem Zyklus: Zunächst wird bis fünf, dann bis sechs, dann bis sieben, dann bis acht, dann bis neun und schließlich bis zum zehnten Atemzug gezählt, und dann wieder von vorn begonnen. Wenn die Achtsamkeit durch Zählen gut etabliert ist, kann das Zählen wegfallen und eine durchgehende Achtsamkeit etabliert werden. Ledi Sayadaw orientiert die Übung an der traditionellen buddhistischen Weltsicht. Körperliche und geistige Phänomene müssen unterschieden und in ihrem Aufsteigen und Verschwinden achtsam wahrgenommen werden, indem an ihnen die drei Merkmale Unbeständigkeit, Leidhaftigkeit und »Ich-Substanz«-Losigkeit festgestellt werden. Diese Form der Konzentration gilt traditionell als Zugang zu Vipassana.

Ledi Sayadaw empfiehlt Laien, die nicht ganze Tage und Wochen diesen Übungen widmen können, jedoch andere Wege. Entscheidende Voraussetzung für die Vipassana-Praxis ist, dass der Geist zur Ruhe gekommen ist. Zudem kann Einsichtsmeditation überall geübt werden. Die »momentane Konzentration« *(khaṇika-samādhi),* die durch das Zählen des Atems erreicht werden kann, ist, so Ledi, ausreichend als Basis für die Vipassana-Praxis (S. 29 f.). Damit sollte es auch für Laien möglich sein, in diesem Leben Nirwana zu erreichen, erklärte Ledi Sayadaw entgegen der vorherrschenden und bis heute verbreiteten Theravada-Ansicht, dass im Zeitalter der degenerierten Buddhalehre[45] das Erwachen, wenn überhaupt, dann Mönchen vorbehalten sei (Braun, 2013, S. 29).

Das Engagement der Laien für das Studium des Abhidhamma und für Meditationspraxis betraf nicht nur individuelle Heilserwartungen, sondern muss im größeren, politischen Kontext des britischen Kolonialismus gesehen werden. »In the lively political and social landscape of early 20th century Burma meditation became another means to protect Buddhism. Meditative attainments at the individual level strengthened the entire *sāsana,* by improving the society's karma. At the same time, awakening, previously considered unattainable in such a degenerated era, came to be seen as possibility in one's current life through the path of meditation« (Braun, 2014).

6.2 U Bha Khin (1899–1971) und S. N. Goenka (1924–2013)

Ledi Sayadaw war in gewisser Weise ein Missionar der neuen buddhistischen Laienbewegung. Unermüdlich bereiste er Myanmar, um Vorträge und Retreats zu halten. War für ihn die intensive Kenntnis des Abhidhamma immer noch eine wesentliche Voraussetzung für eine erfolgreiche Meditationspraxis, verschob sich das Verhältnis von Theorie und Praxis bei seinen Nachfolgern zugunsten der Praxis.

Charakteristisch ist die Lebensgeschichte von Thetgyi Sayadaw[46], einem der ersten Laienlehrer. 1873 in eine arme Bauernfamilie geboren, fand er durch Schicksalsschläge zur Vipassana-Übung und übte unter Ledi Sayadaws Anleitung. Dieser ermächtige ihn zu lehren und ernannte ihn aufgrund seiner profunden Meditationserfahrung zum Nachfolger, mit dem Auftrag, Vipassana für »Haushälter«, also

45 Nach buddhistischer Auffassung degeneriert der Buddhadharma immer mehr, bis die Buddhalehre schließlich verschwindet. Wir leben im letzten Zeitalter, das nach manchen Auffassungen zehntausend Jahre dauern soll.

46 https://www.vridhamma.org/Saya-Thetgyi (Zugriff am 16.11.2021).

Laien zu lehren.[47] Thetgyi Sayadaw starb 1945, und sein Nachfolger U Ba Khin gründete 1952 das International Meditation Center in Yangoon, das für burmesische und kaukasische[48] Laien gleichermaßen bestimmt war. U Ba Khin war ebenfalls Laie, allerdings aus den oberen Schichten der Gesellschaft, und nicht nur Meditationslehrer, sondern von 1947 bis 1967 in hohen Verwaltungs- und Regierungspositionen des seit 1948 von Großbritannien unabhängigen Staates Burma (heute Myanmar) tätig.

1967 autorisierte U Ba Khin den Geschäftsmann S. N. Goenka informell als Lehrer, zunächst für in Burma lebende Hindus. Goenka, 1924 als Sohn indischer Eltern in Myanmar geboren, hatte wegen andauernder Migräne 1955 bei U Ba Khin mit Vipassana begonnen. 1969 wurde er offiziell zum Lehrer ernannt, übersiedelte nach Indien und errichtete 1976 in Igatpuri, etwa 130 Kilometer nördlich von Mumbai, ein Meditationszentrum. 1985 gründete Goenka das Vipassana Research Institute, das Pali-Texte übersetzt und publiziert und Anwendungsmöglichkeiten von Vipassana untersucht, etwa für Gefängnisinsassen oder zur Rehabilitation von Drogensüchtigen. In dem Film »Doing time, doing Vipassana« (1997)[49] ist die erfolgreiche Zusammenarbeit von S. N. Goenka mit Kiran Bedi, damals Generalinspektorin der New Delhi Prisons, dokumentiert, die zu einem Zehn-Tage-Retreat für eintausend Gefängnisinsassen führte. Außerdem ernannte U Ba Khin 1969 vier westliche Schüler (u. a. Robert Hover, bei dem später Kabat-Zinn übte), zu Lehrern für Frauen und Männer; und zwei westliche Schülerinnen – eine davon Ruth Denison – als Lehrerinnen nur für Frauen.

U Ba Khin lehrte eine innovative Methode, Body Sweeping, das – etwas abgeändert – in Jon Kabat-Zinns MBSR-Curriculum zum Body Scan wird. Body Sweeping ist eine sehr kraftvolle Methode, schreibt Jack Kornfield: »This technique involves sweeping the mind through the body, giving special attention to the everchanging play of sensa-

47 In der buddhistischen Tradition spielen Lehrer-Schüler-Linien eine wichtige Rolle für die Legitimation.

48 So die Bezeichnung für sich als weiß identifizierende Menschen im US-Census 2010.

49 Von den israelischen Regisseurinnen Ayelet Menahemi und Eilona Ariel.

tions that can be perceived« (Kornfield, 1996, S. 235). Die Methode beruht auf der Vorstellung, dass die Welt und der menschliche Körper aus kleinsten Partikeln, *kalapa*, bestehen. Ein *kalapa* setzt sich aus acht untrennbaren elementaren Qualitäten zusammen – Erde, Wasser, Feuer und Luft; außerdem Farbe, Geruch, Geschmack und nährende Kraft. Zunächst soll man sich für die Übung der Atemachtsamkeit auf den Bereich um die Nase konzentrieren, dann auf einen Ort der Oberlippe, bis Einspitzigkeit (»onepointedness«) des Geistes erreicht ist. Diese »kraftvolle Linse der Konzentration«, wie U Ba Khin schreibt (Kornfield, 1996, S. 247), ist die Voraussetzung für Vipassana, die kontinuierliche Einsicht in die Unbeständigkeit. »The continuity of the awareness of impermanence and so of suffering and non-self is the secret of success« (S. 249). Wenn Übende im International Meditation Center in ihrer Meditationspraxis vom Atem als Fokus der Achtsamkeit auf Unbeständigkeit wechseln, beginnen sie mit dem Body Sweeping: »[...] the practice of sweeping through the body, part by part, feeling the impermanence of all touch and sensation. As the awareness of impermanence continuous, the meditator will see how the power of his concentration and mindfulness can unblock the flow of energy in the body« (S. 251). Wird dieser Energiefluss stärker, wandert der Fokus der Achtsamkeit zum Herzen. Mehr und mehr wird der eigene Körper und die Welt als Ganzes als Vibration wahrgenommen: »Perception of the whole world, matter and mind, becomes reduced to various levels of vibration in a constant change of state« (S. 252). Body Sweeping sei, so heißt es, ein Reinigungsprozess für Körper und Geist. Das Gewahrsein der »Wahrheit von *anicca*«, von Unbeständigkeit, entwickelt im Schüler, »what we may call the sparkling illumination of nibbana dhatu« und einen (manchmal heftigen) Prozess der »Verbrennung« aller Unreinheiten (S. 237). Für Body Sweeping wird die bei der Meditation übliche Sitzhaltung eingenommen, in der man für mehrere Stunden bewegungslos verharrt.

Jon Kabat-Zinn lernte diese Praxis 1973 bei Robert Hover kennen. Die Erfahrungen von Schmerzen, aber auch von plötzlicher Schmerzlosigkeit, die er in diesem Retreat machte, überstiegen alles, was er je gekannt hatte. »Part of what I realized on that retreat was that people whose pain would not go away just by getting up and stopping meditating might benefit from such a discovery, and the realization that one could actually turn toward and ›befriend‹ intensive and unwanted sensation« (zitiert in Anālayo, 2020b, S. 195).

Weite Verbreitung hat die Methode vor allem durch U Ba Khins Schüler S. N. Goenka gewonnen, an dem sich weltweit mehrere hundert Zentren orientieren.

Der Anspruch von Goenka, es handle sich beim Body Sweeping um eine seit Buddhas Tagen überlieferte Praxis, lässt sich nicht belegen. Zwar steht, wie Bhikkhu Anālayo in einer ausführlichen Recherche festhält, in der Meditationspraxis immer auch die Wahrnehmung des Körpers im Fokus, doch lässt sich keine direkte Überlieferung feststellen, an die das Body Sweeping anknüpft (Anālayo, 2020b).

6.3 Die »neue burmesische Methode«

Eine Schlüsselfigur in der Wiederbelebung der Vipassana-Praxis ist U Narada, genannt Mingun Sayadaw (1869–1954). Nach dem für Mönche üblichen Textstudium vertiefte er sich in Meditationspraxis, begann 1908 Vipassana zu lehren, und gründete 1911 das erste Meditationszentrum in Burma. Ab 1913 lebte und lehrte er in dem für ihn gebauten Zetawun-(oder Jetavan-)Kloster in Thaton im Süden Burmas im Mon-Staat (Houtman, 1990, S. 289). Es wird erzählt, dass er als junger Mönch auf der Suche nach Unterweisung in den Sagaing-Bergen in der Nähe von Mandalay einen alten weisen Mönch traf, der ihn fragte, warum er denn nicht den Einzigen Weg des Satipaṭṭhāna studiere – da sei alles enthalten. Angeregt von diesem Hinweis habe Mingun Sayadaw die »neue burmesische Methode« entwickelt, indem er die Lehrrede und Kommentare dazu studierte, und »auf eigene ernste Übung gestützt« entwickelte er »eine neue Tradition in der Übung« des Satipaṭṭhāna (Nyanaponika, 1952/2007, S. 83), und zwar für Laien wie Mönche. Seine Methode wurde »rise-and-fall« genannt (Houtman, 1990, S. 269), was sich auf die Wahrnehmung von Ausdehnen und Zusammenziehen des Bauches durch die Atembewegung bezieht. Auch sein Schüler Mahasi Sayadaw (1904–1982) übernahm diese Methode. Die Bewegungen des Bauches werden mit einer »mentalen Notiz«, nämlich »heben«–»senken« versehen: »Never verbally repeat the words *rising, falling,* although you may make a mental note *rising* and *falling* in the mind silently as they occur« (Kornfield, 1996, S. 57).

Diese »mentale Notiz« wird mit fortgesetzter Übung auf alle physischen und psychischen Situationen ausgedehnt, etwa: »[...] if you intend to sit down, *intend.* When you go forward to sit down, *walking.* On arriving at the place where you will sit, *arriving*« (S. 61), usw. Diese »labelling« genannte Methode kann in intensiven Retreats eingeübt werden, unterstützt durch stark verlangsamte Bewegungen, die eine genaue Wahrnehmung erlauben. Auf diese Weise soll das Entstehen und Vergehen von Formationen aller Art klar und ohne Begehren oder Ablehnung erfahrbar werden. »He simply sees, hears, smells, tastes, feels a touch or cognizes« und kann so Nirwana realisieren (S. 80).

Nach der Unabhängigkeit Burmas von Großbritannien wurde in Rangun ein vom neuen burmesischen Staat finanziell unterstütztes und von Laien geführtes Meditationszentrum »Thathana Yeitktha« gegründet, dessen Hauptlehrer ab 1949 Mahasi Sayadaw war (Houtman, 1990, S. 141 f.). Das Zentrum sollte vor allem Laien dienen und auch Ausländerinnen offenstehen. Beim Sechsten Buddhistischen Konzil von 1954–1956, das der burmesische Staat sponserte, spielte Mahasi eine wesentliche Rolle bei der Endredaktion der revidierten Pali-Überlieferung. Inzwischen hatte sich sein Ruf als Meditationslehrer verbreitet. Etwa hatte der aus Deutschland gebürtige Mönch Nyanaponika, der seit 1938 in Sri Lanka lebte, durch singhalesische Mönche, die zu Mahasi Sayadaw gereist waren, von der Methode erfahren und 1950 ein Buch darüber veröffentlicht. Im Zuge der Vorbereitungen für das Konzil in Rangun nahm er mit Mahasi Sayadaw persönlich Kontakt auf. Die verbesserte zweite Auflage von »Geistestraining durch Achtsamkeit«, auf Englisch »The Heart of Buddhist Meditation«, erschien 1952 und fand internationale Verbreitung.

Mahasi Sayadaws Nachfolger U Pandita (1921–2016) hatte zahlreiche Schüler und Schülerinnen aus den USA und Europa und gab seit den 1980er Jahren selbst international Retreats. Heute gibt es mehr als 100 Zentren weltweit, die sich auf die »Mahasi-Methode« berufen.

Nyanaponika (1901–1994), als Schüler von Mahasi Sayadaw, betont als Basis der Achtsamkeitsübung »bare attention«, »reine Achtsamkeit« oder »reines Gewahrsein«[50]. In seinem Aufsatz »The Power

50 Zur Debatte um den Unterschied zwischen »Achtsamkeit« und »Gewahrsein« siehe Weber, 2009.

of Mindfulness« (1968[51]) bestimmt er »bare attention« als »the clear and single-minded awareness of what actually happens *to* us and *in* us, at the successive moments of perception. It is called ›bare‹ because it attends to the bare facts of a perception without reacting to them by deed, speech or mental comment […]. Bare attention then becomes the key to the meditative practice of Satipaṭṭhāna, opening the door to mind's mastery and final liberation« (Nyanaponika, 1968). Die Dinge nicht verzerrt durch eigene Vorlieben und Abneigungen zu sehen, sondern so, wie sie sind, unbeständig *(anicca/anitya),* unbefriedigend und leidvoll (Pali *dukkha,* Sanskrit *duḥkha,* schwer zu ertragen), nicht autonom und ohne »Selbstsubstanz« *(anatta/anātman),* das schafft Reinigung und Ordnung. »Reine Achtsamkeit« ist nach Nyanaponika eine heilsrelevante Wahrnehmung: »The tidying or regulating function of bare attention, we should note, is of fundamental importance for the ›purification of being‹ mentioned by the Buddha as the first aim of Satipaṭṭhāna« (Nyanaponika, 1968, S. 7). An anderer Stelle beschreibt Nyanaponika, wie »bare attention« zusammen mit Unterscheidungsfähigkeit nach ethischen Kriterien zu Veränderungen führen kann: »Bare attention identifies and pursues the single threads of that closely interwoven tissue of our habits. It sorts out carefully the subsequent justifications of passionate impulses and the pretended motives of our prejudices. Fearlessly it questions old habits often grown meaningless. It uncovers their roots, and thus helps abolish all that is seen to be harmful. In brief, bare attention lays open the minute crevices in the seemingly impenetrable structure of unquestioned mental processes« (Nyanaponika, 1968). Dabei ist zu beachten, dass »bare attention« oder »reine Wahrnehmung« bereits voraussetzt, dass »etwas« »als etwas« wahrgenommen wird, das heißt, dass die Konditionierung der Wahrnehmung durch die »gesellschaftliche Konstruktion von Wirklichkeit« (Berger u. Luckmann, 1969/1981) erhalten bleibt (Anālayo, 2019a).

51 https://www.accesstoinsight.org/lib/authors/nyanaponika/wheel121.html (Zugriff am 16.11.2021).

6.4 Weitere Verbreitung der Vipassana-Bewegung

In Thailand ging die neue Vipassana-Bewegung, in der sich landesweit Mönche wie Laien engagierten, von Wat Mahathat in Bangkok aus. Der Abt Phra Phimolathan (1903–1989), ein einflussreicher und gelehrter Mönch, war einige Male nach Burma gereist, um dort die »burmesische Methode« zusammen mit dem Abhidharma zu studieren. Infolge eines Machtkonflikts zwischen verschiedenen Fraktionen buddhistischer Klöster in Thailand verlor er jedoch den Mönchsstatus, kam zunächst ins Gefängnis, wurde aber später rehabilitiert (Tambiah, 1984, S. 183–192). In Sri Lanka sorgte die »burmesische Methode« ab den 1950er Jahren, vermittelt unter anderem durch Nyanaponika, für ein wachsendes Interesse an Vipassana-Praxis.

Mit diesem kurzen Abriss ist die Vielfalt der Vipassana-Methoden keineswegs erschöpfend beschrieben.[52] Bedeutende Lehrer wie die beiden Thai-Mönche Ajahn Buddhadasa (1906–1993) oder Ajahn Chah (1918–1992) wären zu nennen und noch eine ganze Reihe anderer inzwischen verstorbener Lehrer, die Kornfield in seinem Buch »Living Dharma – Teaching of Twelve Buddhist Masters« (1996) vorstellt.

Die Vipassana-Praxis für Laien, die in Zeiten der Kolonialherrschaft die Bewahrung der buddhistischen Gemeinschaft und Lehre in Myanmar sichern sollte, wurde im Verlauf der zweiten Hälfte des 20. Jahrhunderts internationalisiert. Zunächst entstanden Meditationszentren für Laien – eine Neuerung in Asien, die mit U Ba Khin begonnen hatte. Auch Klöster öffneten sich zunehmend für Laiinnen, Einheimische wie Ausländer. Von letzteren begannen einige nach der Rückkehr in ihre Herkunftsländer Achtsamkeit zu unterrichten und eigene Zentren zu gründen. 1976 wurde die Insight Meditation Society in Barre, Massachusetts, von Joseph Goldstein, Sylvia Boorstein und Jack Kornfield gegründet. Kornfield übersiedelte später von New England nach Kalifornien, wo er 1988 das Spirit Rock Center in Woodacre initiierte. Daneben entstanden ab Ende der 1970er Jahre eine ganze Reihe Theravada-Klöster außerhalb Asiens, die der thai-

52 Um 1990 zählte der Ethnologe Houtman allein in Myanmar 24 verschiedene Richtungen (1990, S. 14).

ländischen Waldklöstertradition folgen, zunächst in den USA und in Großbritannien, später dann auch auf dem europäischen Festland und in Australien. Etwa war in der Schweiz ab Mitte der 1970er Jahre die »Dhamma Gruppe Schweiz« aktiv, die 2000 das Meditationshaus Beatenberg eröffnen konnte. In Deutschland wurde das erste Theravada-Land-Zentrum 1989 von Ayya Khemma gegründet, das Buddha-Haus in Oy-Mittelberg. Heute gibt es im deutschen Sprachraum rund 30 Theravada-Tempel und -Klöster sowie etwa 50 Theravada-Meditationsgruppen[53].

Die Genealogie der Lehrerinnen und Lehrer, die zur Etablierung von Achtsamkeit außerhalb Asiens beigetragen haben, führt am Ende meistens indirekt und mit Umwegen, manchmal auch direkt zu Ledi Sayadaw oder zu Mingun Jetavan Sayadaw zurück. Dazu kommen andere Lehrer und Einflüsse: Etwa beruft sich Jack Kornfield auf Ajahn Chah, Joseph Goldstein hat schon früh Dzogchen-ähnliche Übungen aus dem tibetischen Buddhismus in seinen Retreats unterrichtet, Larry Rosenberg war viel bei Ajahn Buddhadasa und Ajahn Mahaboowa.[54]

Auch Jon Kabat-Zinns »Mindfulness Based Stress Reduction« (MBSR) lässt sich auf diese Traditionen zurückführen, doch trug auch die zen-buddhistische Tradition und Praxis wesentlich zur Entwicklung von MBSR bei (Kabat-Zinn, 2013, S. 292). Dass Buddhismus aufgeklärt und mit Naturwissenschaft verträglich sei, machte ab den 1950er Jahren den Zen-Buddhismus für die intellektuelle Avantgarde zu einer alternativen Weltanschauung. So lag es nahe, dass der Student der Molekularbiologie, Jon Kabat-Zinn, 1966 einen Vortrag des Zen-Meisters Philip Kapleau am MIT hörte und sein Schüler wurde.[55] 1972 wurde Kabat-Zinn als »teacher in training« Schüler des koreanischen Zen-Meisters Seung Sahn Sunim (1926–2004) und leitete kurze

53 www.theravadanetz.de (Zugriff am 16.11.2021).

54 Mitteilung Christoph Köck.

55 Kapleau gehört zur ersten Generation westlicher Zen-Lehrer. Nach 1945 war er als Kriegsberichterstatter nach Japan gekommen, lernte den Zen-Gelehrten D. T. Suzuki kennen, übte ab 1953 bei japanischen Zen-Meistern, ging 1965 zurück in die USA und eröffnete 1966 das Rochester Zen Center. Sein Buch »Die drei Pfeiler des Zen« (engl. 1965, dt. 1968) gehört bis heute zu den meistgelesenen Büchern über Zen.

Zeit dessen 1973 gegründetes Cambridge Zen Center. Damals arbeitete Kabat-Zinn an der neuen University of Massachusetts Medical School mit Schmerzpatienten und gab Yogakurse für Studierende. Ab etwa 1975 begann er auch mit Vipassana-Praxis (Kabat-Zinn, 2009, S. 332). Im Frühjahr 1979 nahm er an einem zweiwöchigen Meditations-Retreat der Insight Meditation Society in Barre, Massachusetts, teil. Eines Nachmittags gegen Ende des Retreats saß er übend (Kabat-Zinn, 2013, S. 287) in seinem kleinen Zimmer, wie erzählt. An diesem Nachmittag entfaltete sich vor seinem inneren Auge in wenigen Sekunden wie »eine Vision« (S. 287) ein ganzes Panorama, wie sich die Achtsamkeitspraxis in Kliniken, Gesundheitszentren, wissenschaftlichen Labors verbreiten würde. Kurz danach publizierte er seine erste Studie (Kabat-Zinn, 1982) und entwickelte im folgenden Jahrzehnt das später als MBSR bekannt gewordene Curriculum.

6.5 Engagierter Buddhismus: Thich Nhat Hanh

Das Interesse an Achtsamkeit begann schon früher mit Thich Nhats Hanhs 1976 erstmals erschienenem Buch »The Miracle of Mindfulness« (dt. »Das Wunder der Achtsamkeit«, 1988), das seither in unzähligen Neuauflagen und vielen Übersetzungen erschienen ist, unter anderem auf Chinesisch und Hindi. 1974 für junge Menschen in Vietnam geschrieben, die sich während des Krieges trotz Lebensgefahr sozial engagierten, machte das Buch Achtsamkeitspraxis in einer poetischen und zugleich in der Tradition verwurzelten Darstellung als alltagstaugliche Übung für ein breites Publikum zugänglich.

Thich Nhat Hanh (1926–2022) kam aus der Tradition des vietnamesischen Mahayana-Buddhismus und war beeinflusst durch die Erneuerungsbewegungen des Theravada-Buddhismus, aber auch durch Erfahrungen mit europäischer und nordamerikanischer Mentalität. Der Buddhismus in Vietnam ist durch Überlieferungslinien des Thién-Buddhismus geprägt, die sich auf die chinesische Ch'an-Tradition beziehen, aber eigenständig sind. In Vietnam war zudem ab der Wende vom 18. zum 19. Jahrhundert – seit dem Beginn der *Nguyễn-Dynastie* – nicht der Buddhismus, sondern der Konfuzianismus die offiziell geförderte Religion. Doch ähnlich wie in anderen asiatischen Ländern begann auch in Vietnam zu Anfang des

20. Jahrhunderts eine Suche nach den Wurzeln und einer Erneuerung des Buddhismus.

Thich Nhat Hanh war *Dhyāna-Meister* der »Bambuswald-Linie« in 42. Generation. Diese Linie, begründet im 12. Jahrhundert, geht auf den chinesischen Ch'an-Meister Linji (japanisch Rinzai, gest 866/867) zurück. Nhat Hanh gehörte in achter Generation auch einer zweiten Übertragungslinie der Dhyāna-Tradition an, die im 18. Jahrhundert gegründet wurde, der Lieu-Quan-Schule (Hunt-Perry u. Fine, 2000, S. 36 f.). Thich Nhat Hanh setzte – aufgrund seiner Herkunft aus einer Mahayana-Tradition – andere Akzente in der Achtsamkeitspraxis als die burmesische Schule, die auf dem Theravada-Buddhismus beruht. Auch sind Achtsamkeit und Zen-Praxis für ihn verwandte Praktiken, wie die Chronologie seiner Veröffentlichungen zeigt. So tritt er sowohl als Zen-Lehrer als auch als Achtsamkeitslehrer auf (De Vido, 2019).

Eine fundamentale Doktrin aller buddhistischen Schulen ist die Lehre vom Entstehen in Abhängigkeit: Alles, was existiert, beruht auf Voraussetzungen und Bedingungen und ist daher nicht »von selbst« oder »eigenständig« entstanden[56], daher ist auch alles, was existiert, endlich und vergänglich, und dies wird von Menschen als nicht zufriedenstellend und leidhaft erfahren (Lehre von den Drei Merkmalen des Daseins). Die Achtsamkeitspraxis des Theravada betont die Momenthaftigkeit der Erfahrung (siehe Kapitel 9.1), analysiert Aspekte dieser Erfahrung und benennt sie. Körperempfindungen, Gefühle, Wahrnehmungen etc. werden eins nach dem anderen wahrgenommen, in ihrer wechselseitigen Bedingtheit. Das unterstützen die Listen der »momenthaften Erfahrungen« (Pali *dhamma,* Sanskrit *dharma*), die erstellt wurden, wobei sich die Aufzählungen voneinander unterscheiden. Aus Mahayana-Perspektive wird zugleich mit der Momenthaftigkeit allen Geschehens auch die Einzigartigkeit aller Erscheinungen und zugleich ihre wechselseitige Bedingheit und damit ihr Zusammenhang betont. Alles, was in Erscheinung tritt, ist einzigartig, »so«, und zugleich »leer«; Trennlinien entsprechen Konventionen, doch ist zugleich alles mit allem verbunden, in Beziehung.

---

56 Das entspricht in gewisser Weise der »Geschöpflichkeit« in den abrahamitischen Traditionen.

Aus dieser Mahayana-Sicht spricht Thich Nhat Hanh von »Interbeing«, »Inter-Sein«: »Seht die Wolke, die in diesem Stück Papier schwebt. Wenn ihr genau hinschaut, werdet ihr sie sehen können. Ohne die Wolke wird kein Regen sein; ohne Regen können die Bäume nicht wachsen, und ohne Bäume können wir kein Papier herstellen [...]. Wir können also sagen, dass die Wolke und das Papier einander bedingen und durchdringen« (Hanh, 1989, S. 19). Mit diesen Sätzen beginnt Thich Nhat Hanh die Interpretation des Herz-Sutras, eines der meistrezitierten Sutren des Mahayana, in dem es zu Anfang heißt: »Form ist Leere, Leere ist Form«, und dies gilt für alle Sinne und Sinneswahrnehmungen (siehe Kapitel 5.4). An dem zentralen Mahayana-Begriff »Leerheit« stellt Thich Nhat Hanh die wechselseitige Abhängigkeit und Durchdringung heraus, die durch die Übung der Achtsamkeit realisiert, verstanden und erfahren werden kann.

Auch in einem seiner berühmtesten Gedichte, »Nenne mich bei meinen wahren Namen«, klingt das Herz-Sutra durch. Das Gedicht verdeutlicht den Unterschied zu burmesischen Achtsamkeitsmodellen. Es entstand 1978, als nach dem Sieg des Vietcong 1975 viele vietnamesische Familien vor der Verfolgung durch die Kommunisten mit kleinen Schiffen übers Meer flüchteten. Thay, wie Thich Nhat Hanh auch genannt wurde, ebenso wie seine enge Mitarbeiterin Schwester Chan Khong, engagierte sich im Exil für die »Boatpeople«.

»Bitte, nenne mich bei meinen wahren Namen!
Betrachte es ganz tief:
Jede Sekunde komme ich an,
und bin eine Knospe an einem Frühlingszweig
oder ein winziger Vogel mit noch zarten Flügeln,
der im neuen Nest erst singen lernt.
Ich bin eine Raupe im Herzen der Blume
Oder ein Juwel, verborgen im Stein.
Ich komme stets gerade erst an,
um zu lachen und zu weinen,
zu fürchten und zu hoffen.
Der Rhythmus meines Herzens sind Geburt und Tod
von allem, was lebt.

Ich bin eine Eintagsfliege,
die an der Oberfläche des Flusses schlüpft.
Und ich bin auch der Vogel, der herabstürzt, um sie zu schnappen.
Ich bin ein Frosch, vergnügt schwimmend
im klaren Wasser eines Teiches.
Und ich bin die Ringelnatter,
die sich lautlos vom Frosch ernährt.
Ich bin das Kind in Uganda, nur Haut und Knochen,
meine Beine so dünn wie Bambusstöcke.
Und ich bin der Waffenhändler,
der todbringende Waffen nach Uganda verkauft.
Ich bin das zwölfjährige Mädchen,
Flüchtling in einem kleinen Boot,
das sich ins Meer wirft,
weil es von Piraten vergewaltigt wurde.
Und ich bin auch der Pirat,
mein Herz ist noch nicht fähig,
zu erkennen und zu lieben.
Ich bin ein Mitglied des Politbüros
mit reichlich Macht in meinen Händen.
Und ich bin der Mann, der seine »Blutschuld« an mein Volk zu zahlen hat
und langsam in einem Arbeitslager stirbt.
Meine Freude ist wie Frühling.
So warm, dass sie Blumen auf der ganzen Erde erblühen lässt.
Mein Schmerz ist wie ein Tränenstrom.
So mächtig, dass er alle vier Meere ausfüllt.
Bitte, nenne mich bei meinen wahren Namen!
Damit ich all mein Weinen und Lachen zugleich hören kann.
Damit ich sehe, dass meine Freude und mein Schmerz eins sind.
Bitte, nenne mich bei meinen wahren Namen!
Damit ich erwache.
Damit das Tor meines Herzens offen bleiben könnte,
das Tor des Mitgefühls.«[57]

---

57 Übersetzung U. B. nach: https://www.mindfulnessbell.org/archive/2015/06/poem-please-call-me-by-my-true-names. Das Gedicht findet sich zum Beispiel auch in Hanh, 1998, S. 91 f.

Thich Nhat Hanh stand in einer Tradition, die die soziale und gesellschaftliche Sphäre als einen »legitimen und natürlichen Bereich buddhistischer Aktion« sieht (Main u. Lai, 2013, S. 7). Er bezog sich unter anderem auf den chinesischen Reformmönch Taixu (1890–1947) (S. 12). Die Begründung folgt einer grundlegenden Lehre des Mahayana-Buddhismus: »So the Buddha is not in the mountain. He is considered to be in everyone, so that the peace and well-being of all people require that every Buddhist should fulfil his responsibility to the community while not neglecting his inner life«, schreibt Thich Nhat Hanh in »Lotus in a Sea of Fire« (zit. nach Main u. Lai, 2013, S. 15; Hanh, 1967, S. 18). Das Buch erschien 1967 mit einem Vorwort von Thomas Merton in den USA; in Vietnam im Untergrund. Die Verbindung von spiritueller Praxis und sozialem Engagement war dem Weg von Thich Nhat Hanh von Anfang an eingeschrieben und daher auch in seinen Anweisungen zur Übung von Achtsamkeit zu finden (siehe Hunt-Perry u. Fine, 2000).

Thich Nhat Hanh wurde 1926 in eine Beamtenfamilie geboren. Die französische Kolonialzeit ebenso wie die Okkupation Vietnams durch japanische Truppen während des Zweiten Weltkriegs, Hungersnöte und nach 1945 der Guerillakrieg des Viet Minh gegen die Franzosen prägten Kindheit und Jugend. Mit 16 Jahren wurde er Novize in einem Kloster in der Nähe der alten Kaiserstadt Hue. Unter dem Eindruck der Kriegsereignisse nahm er den Namen Nhat Hanh an. Der Name erinnert an den Mönch Van Hanh (938–1018), dessen Name »tausend Handlungen« bedeutet und der als königlicher Berater die Lehren des Buddhismus, Konfuzianismus und Taoismus verband. Thay meinte, er müsse sich auf »eine einzige Handlung« (Nhat Hanh) konzentrieren (King, 1996, S. 322). »Thich« ist ein vietnamesischer Titel für buddhistische Mönche. 1950 gründete er zusammen mit einem Kollegen das bedeutende Ung Quang Buddhist Institute in Saigon – heute Ho Chi Minh City – zur zeitgenössischen Ausbildung junger Mönche. 1954 wurde Vietnam geteilt – Nordvietnam mit der Hauptstadt Hanoi wurde vom kommunistischen Vietcong beherrscht und Südvietnam mit der Hauptstadt Saigon von Ngo Dinh Diem, dem Allierten der USA. Diem forcierte eine Ideologie, die einen »katholischen Personalismus« mit Kapitalismus verband; er unterdrückte den Buddhismus.

In dieser politisch bedrängten Situation wurde Thich Nhat Hanh gebeten, über einen »neuen Blick« auf den Buddhismus zu schreiben. Er schlug einen engagierten Buddhismus vor – also einen, der »ins soziale Leben geht« (*viet di vao cuoc doi*), statt im Kloster zu verbleiben (Hanh, 2008, S. 30). Einige Jahre später, 1958, gründete Thich Nhat Hanh zusammen mit anderen eine spirituelle Gemeinschaft in den Teehügeln nördlich von Hue. »Mit diesem Traum eines ›ländlichen Praxiszentrums‹ befreite sich Thay endgültig von den Zeremonien und Ritualen der Tempel und schuf eine Umgebung, die ausschließlich der spirituellen Praxis, dem Studium, der Heilung, der Musik, der Poesie und der Gemeinschaftsbildung gewidmet war« (Plum Village Community, 2020, S. 8).

Um diese Zeit durchlebte Thich Nhat Hanh eine schwere persönliche Krise, die ihn dazu brachte, nach neuen Wegen in seiner Meditationspraxis zu suchen. Er kannte die Methode des Atemzählens, wie im Ānāpānasati-Sutra beschrieben, und auch die langsame Gehmeditation aus der Mönchsausbildung vor allem aus der Theorie. In dieser persönlich schwierigen Zeit erinnerte er sich daran und entwickelte eine Form des Achtsamen Atmens, die sich am Ānāpānasati-Sutra orientiert. Er unterscheidet folgende Objekte der Achtsamkeit:

»1. Die Folgen des Atmens im täglichen Leben – die Umwandlung von Achtlosigkeit und unnötigem Denken (Methode 1 und 2)
2. Die Achtsamkeit auf den Körper (Methode 3)
3. Die Verwirklichung der Einheit von Körper und Geist (Methode 4)
4. Uns selbst nähren mit der Freude der Meditation (Methode 5–6)
5. Das Beobachten der Gefühle, um sie zu be-leuchten (Methode 7–8)
6. Das Kontrollieren und Befreien des Geistes (Methode 9–12)
7. Das Beobachten aller dharmas, um ihre wahre Natur zu durchleuchten (Methode 13–16)« (Hanh, 1988, S. 57).

1961 bis 1963 ging Thich Nhat Hanh zu vertiefenden Studien der buddhistischen Tradition, aber auch als Lehrer an die Columbia University. Dort lernte er die Schriften des deutschen Theologen Dietrich Bonhoeffer kennen, der vom NS-Regime ermordet wurde (Nhat Hanh, 1999, S. 109 ff.). Nach dem Sturz von Dinh Diem 1964 ging er zurück nach Vietnam, gründete gemeinsam mit anderen die Van Hanh Buddhist University und die School of Youth for Social Services.

Letztere kümmerte sich um die Menschen in den vom Vietnamkrieg zerstörten Dörfern, unabhängig von ideologischen Vorbehalten. Ein Jahr später 1965 gründete er den Tien-Tiep-Orden (»Order of Interbeing«). 1966 trat er bei einer internationalen Vortragsreise öffentlich mit Martin Luther King für Frieden in Vietnam ein, mit der Folge, dass er für mehr als vierzig Jahre nicht mehr nach Vietnam zurückkehren konnte. 1982 gründete er in Südfrankreich zusammen mit der Nonne Schwester Chan Khong die Gemeinschaft Plum Village, die Mönchen, Nonnen und Laien einen Ort für intensive Praxis bietet.

Thich Nhat Hanh sah engagierten Buddhismus als eine »Anwendung der buddhistischen Lehren«. Dazu gehört sein Engagement für die Rettung der vietnamesischen »Boatpeople« genauso wie das ganz alltägliche Leben. Engagierter Buddhismus ist »present in every moment of your daily life«. Zähneputzen, Autofahren oder Einkaufen im Supermarkt – jeder Moment ist eine Gelegenheit für die Übung. »Also, engaged Buddhism is this kind of wisdom that responds to everything which happens in the here and now – global warming, climate change, the destruction of the ecosystem, the lack of communication, war, suicide, divorce. As a mindful practitioner we have to be aware what is going on in our body, our feelings, our emotions and our environment« (Hanh, 2008, S. 31).

Neben Meditation im Sitzen wird vor allem Gehmeditation empfohlen, wobei Atem und Bewegung integriert werden. Auch Essen, und vor allem auch gemeinsames Essen, ist eine Form der Achtsamkeitsmeditation. Geführte Meditationen, die sich am Ānāpānasati-Sutra orientieren, ergänzen diese Übungen. Für Thich Nhat Hanh ist Achtsamkeit üben wie Blumen gießen – man »gießt« durch Achtsamkeit die positiven Samen von Zuwendung, Dankbarkeit usw., sodass die weniger hilfreichen Samen von Handlungen weniger Kraft bekommen. In der Übung »Neuanfang« geht es um verschiedene Aspekte in Beziehungen und die Pflege von achtsamem, liebevollen Reden und Zuhören. Eine andere Übung ist die »Erdberührung«, in der sich Dankbarkeit für die Erde und die eigenen, familiären und spirituellen Wurzeln ausdrückt. Für Thay ist der Beziehungsaspekt und damit Ethik ein integrales Moment der Achtsamkeitsübung.

Achtsamkeit kann nicht ohne Grundlage in den ethischen Regeln des Buddhismus (Pali *sīla*, Sanskrit *śīla)* geübt werden. Die Regeln des 1964 gegründeten Ordens »Interbeing« beinhalten darauf basierend die Achtung vor dem Leben, Großzügigkeit, sexuelle Verantwortung, aufmerksames Zuhören und mitfühlendes Sprechen sowie achtsamen Konsum, ebenso wie das Nicht-Festhalten an fixen Meinungen und Ideologien.

Es ging Thich Nhat Hanh nicht um eine oder mehrere bestimmte Übungen zu bestimmten Zwecken, sondern um eine umfassende Lebensform, deren bestes Symbol die »Glocke der Achtsamkeit« ist. In regelmäßigen Abständen erklingt in Plum Village eine Glocke – und bei ihrem Klang unterbrechen alle das, was sie gerade tun, achten auf den Atem und fahren danach mit ihrer Tätigkeit achtsamer fort. Es ist eine Praxis, die Heilung im umfassenden Sinn ermöglichen möchte: Heilung für die Einzelnen, Heilung für die Gemeinschaften, Heilung für die Erde.

7 Achtsamkeitsbilder im Wandel

Achtsamkeitspraxis ist keine mechanische Übung, sondern entsteht aus dem Zusammenspiel verschiedenster psychischer Faktoren, wie Akincano Weber (o. J.) betont: Dazu gehören absichtsvolle Aufmerksamkeit, Vigilanz, Resonanzfähigkeit, Haftvermögen, Intentionalität, Eifer, Reflexion auf die Angemessenheit der Übung, Besinnung und Geistesgegenwart, ebenso zeitliche Kontinuität und räumliche Stabilität. Diese Komplexität ist verständlich und einleuchtend am einfachsten durch Gleichnisse oder auch Metaphern zu vermitteln, also durch Sprachbilder für komplexe Zusammenhänge, bei denen sich Emotionen und Stimmungen mit Bildern verbinden. Metaphern vermitteln Konzepte und strukturieren, »was wir wahrnehmen, wie wir uns in der Welt bewegen und wie wir uns auf andere Menschen beziehen« (Lakoff u.Johnson, 2014, S. 11). Sie beleuchten und verbergen zugleich Bewertungen und Handlungsanweisungen, ohne sie explizit zu machen, und sie sind oft, aber nicht immer, zeitgebunden. Zum Beispiel signalisiert »grünes Licht« für alle, denen Verkehrsampeln vertraut sind, dass das Vorhaben ungehindert ausgeführt werden kann. Eine »Mauer des Schweigens« setzt Kenntnis von Mauern voraus etc. Wechselt die Metaphorik, so ist das ein Hinweis auf Verschiebungen in Weltbild und Selbstverständnis. An den Metaphern und Gleichnissen für Achtsamkeit wird die Veränderung der Übung im Zuge der Modernisierung sowohl der Gesellschaft als auch des Buddhismus nachvollziehbar.

7.1 Traditionelle Gleichnisse und Metaphern

Laut »Buddhistischem Wörterbuch« (Nyanatiloka, 1952/1983, S. 203) bedeutet *sati* »Eingedenksein, Besinnung, Sich-ins-Gedächtnis-Zurückrufen, Erinnerung, Im-Gedächtnis-Bewahren, Gründlichkeit, Nichtvergeßlichkeit, Achtsamkeit, Achtsamkeit als Fähigkeit, als Kraft, als rechte Besinnung«. Es ist eine Übung und Haltung, bei der viele verschiedene Aspekte zusammenspielen, die sich in ihrer Vielschichtigkeit sehr gut anhand der Gleichnisse des Pali-Kanons verdeutlichen lassen (ausführlich bei Anālayo, 2010, S. 66–71). Diese Gleichnisse spiegeln die Lebenswelt in Indien im Gangesbecken während der Eisenzeit wider, doch sind sie für Menschen der Industriegesellschaft meist ohne Erläuterungen nachvollziehbar.

Sati als Vermögen der Beruhigung und Klärung des Geistes

- Ein Kuhhirte muss im Frühjahr die Kühe davon abhalten, die Äcker leer zu fressen; erst nach der Ernte kann er unter einem Baum liegen und die weidenden Kühe von Ferne entspannt überwachen (Majjhimanikaya 19). Die zunächst eher aktive Haltung wechselt nach einer Weile zu einer losgelösten, ruhigen und rezeptiven Haltung.
- Ein anderes Bild mit ähnlichem Akzent findet sich in den »Theragatha«, den »Gesängen der Mönche« (Nr. 756): Ein Mönch schreibt, er habe sich gefühlt, als sei er ins Wasser gestürzt und vom Strom (seiner Gedanken und Gefühle) weggerissen worden. Der Buddha habe ihm eine Leiter (Achtsamkeit) zur Rettung angeboten; damit konnte er auf den Turm der »Etablierung von Achtsamkeit« steigen und Ruhe finden.
- Diesen Übungsaspekt betont wieder mit anderem Akzent auch die Geschichte von der Zähmung eines wilden Elefanten. Er wird an einen Pflock gebunden, sodass er allmählich seine »Waldgewohnheiten« aufgibt und zahm wird (Majjhimanikaya 91).

Sati als Grundlage für die Entwicklung von Weisheit. Beispiele sind unter anderem

- ein Chirurg, der mit einer Sonde, wie sie auch damals zum chirurgischen Besteck gehörte, eine Wunde untersucht (Majjhmanikaya 105);
- ein Stock, den der Bauer beim Pflügen in den Boden drückt, um den Boden für die Saat vorzubereiten bzw. der Stock, mit dem der Bauer den Ochsen antreibt (*Saṃyutta Nikāya* I 172, Sutta Nipāta 77);

- der Hals des Elefanten: Der Hals stützt und trägt den Kopf. Der Elefant gilt als Symbol für Weisheit und steht auch für Buddha (*Aṅguttara-Nikāya* III 346).

Sati als wachsame Konzentrations- und Unterscheidungsfähigkeit
- ein Wächter, der im Stadttor sitzt und beobachtet, wer eintreten will. Er gestattet nur rechtmäßigen Bürgern den Eintritt und weist die anderen ab (*Saṃyutta Nikāya* V 194);
- ein Wagenlenker, der umsichtig das Gespann leitet (Samyutta *Nikāya 45.4 V 4–7);*
- ein Mann, der auf dem Kopf eine Schale voll Öl durch eine Menschenmenge trägt, die einem schönen Mädchen beim Tanzen zusieht. Hinter ihm geht ein Mann mit einem Schwert, der ihm den Kopf abschlagen würde, wenn er einen Tropfen Öl verschüttet (*Saṃyutta Nikāya* V 170).

Sati als interpersonale Achtsamkeit
- das Gleichnis von den »Bambusakrobaten«, die einander stützen und daher vor allem auf sich, aber auch auf den anderen achten müssen, um ihre akrobatischen Übungen mit Erfolg darbieten zu können (*Saṃyutta Nikāya* V 168).

Diese Bilder weisen – zusammenfassend – auf eine Reihe von Aspekten von *sati* hin, nämlich auf: »Kontinuität von Gewahrsein für sich verändernde Erfahrungsinhalte (zeitlich), Nicht-Zerstreutheit, unverwandtes Gewahrbleiben, kontinuierliches Augenmerk auf einen Bereich der Aufmerksamkeit (räumlich), Fähigkeit des losgelösten Erkennens und Gewahrwerdens; Offenheit, Geräumigkeit, Perspektive, Weitsicht; Hüten, Schützen, Unterscheiden, Umsicht; Eifer und Effizienz; Ergründend; Fähigkeit zu Einstimmung und Ausgewogenheit in Bemühen; Stabilität und Stille« (Weber, 2009, S. 75 f.; siehe auch Weber, 2010).

7.2 Der Einfluss von Technik und Wahrnehmungspsychologie

Das 19. Jahrhundert bietet vielerlei Beispiele, wie neue Technologien und naturwissenschaftliche Erkenntnisse zu metaphorischen Veränderungen im Verständnis des menschlichen Körpers führen, die sich umgangssprachlich niederschlagen. Nerven etwa – noch im 18. Jahrhundert mit Kanälen assoziiert – werden mit Telegrafendrähten und später mit elektrischen Leitungen verglichen: Wenn man etwas nicht versteht, steht man auf der Leitung, oder man hat eine lange oder kurze Leitung. Auch sonst dominieren technische Metaphern im allgemeinen Körperverständnis, wenn zum Beispiel umgangssprachlich das Herz als Pumpe bezeichnet und damit Emotionalität und leibliches Spüren ausgeblendet werden.

In Burma, das damals zur britischen Kronkolonie Indien gehörte, entstehen um die Wende vom 19. zum 20. Jahrhundert neue Metaphern für Achtsamkeit. Mit den Briten kam nicht nur die Eisenbahn auf den indischen Subkontinent, sondern auch die neueste optische Gerätschaft. Ärzte, Botaniker und Zoologen, die im Gefolge der Kolonialsoldaten und -beamten kamen, verwendeten Mikroskope. 1896 führten die Brüder Lumière in Bombay (heute Mumbai) ihren Kinematografen dem staunenden Publikum vor. 1912 wurde der erste indische Film gedreht, zudem bediente die europäische Filmproduktion und -distribution ein interessiertes Publikum zwischen Indien und Japan (Deocampo, 2017).

Dass sich ein so wacher und interessierter Mann wie Ledi Sayadaw mit diesen neuen Errungenschaften befasste, ist naheliegend. Bereits als junger Mönch machte er durch seinen Lehrer Bekanntschaft mit Naturwissenschaften und Technik. Ledi Sayadaw sah die moderne Wissenschaft nicht als Gegner des Buddhismus, sondern als Diener des Dharma (Braun, 2013, S. 83). In seinen Schriften verwendete er moderne, zeitgemäße Gleichnisse aus der Optik. Vipassana-Praxis sei mit einem Mikroskop vergleichbar, schrieb er an einen Laien, der um Unterweisung bat. Wissenschaftlerinnen und Ärzte mochten durch ihr Mikroskop Dinge sehen, die mit freiem Auge nicht zu sehen waren, doch dies betreffe nur menschliche oder tierische Sinnesfähigkeiten. Vipassana dagegen, so Ledi, führe zu Wissen, das diese Kenntnisse weit übertreffe. »Just as the microbes infesting a sore can only be observed through a microscope, so only through insight knowledge can one observe the six kinds of feeling rapidly arising and vanishing at their respective sense bases. All the six kinds of feelings arise due to contact« (Ledi, 1900/2007, S. 41).[58]

An einer anderen Stelle vergleicht Ledi Sayadaw die Erfahrung des sich Moment für Moment verändernden Bewusstseinsprozesses mit einer Filmvorführung. Er schreibt in seinem 1915 für Europäer verfassten Werk über Einsichtsmeditation (Vipassana Dīpanī): »If we carefully watch the cinematograph show, we will see how quick are the changes of the numerous series of photographs representing the wonderful scene, all in a moment of time. We will also see that a hundred or more photographs are required to represent the scene of a moving body. These are, in fact, the functions of *Viparinama* and *Annathabhava,* or the representation of Impermanence or Death, or cessation of movements. If we carefully examine the movements in a scene, such as the walking, standing, sitting, sleeping, bending, stretching, and so forth, of the parts of the body during a moment of time, we will see that these are full of changes, or full of Impermanence. Even in a moment of walking, in a single step taken with the foot, there are numerous changes of pictures which may be called Impermanence or Death. It is also the same with the rest of the movements«[59] (Ledi, 1915/2007, S. 100).

Dass Ledi Sayadaw die meditative, achtsame Analyse von Bewegungen und die damit verbundene Erfahrung von Unbeständigkeit und Wandel mit einer Abfolge von Filmkadern vergleicht, die man ja gewöhnlich nicht sehen kann und sollte, könnte mit den ruckelnden Filmprojektionen der Frühzeit des Films zu tun haben. Doch scheint es wahrscheinlicher, dass er sich auf die Bewegungsstudien von Muybridge bezieht, die mit Hilfe eines ausgeklügelten optischen

58 http://www.aimwell.org/uttama.html#SevenAspectsofPerceptiontobePerceived (Zugriff am 16.11.2021).

59 https://mahajana.net/en/library/texts/the-vipassana-dipani (Zugriff am 16.11.2021).

Apparats und fotografischer Aufnahmetechnik Bewegungsabläufe als Folge unverbundener Haltungen zeigten.[60]

Für gewöhnlich wird Bewegung als Kontinuum wahrgenommen, und die Verbindung von Wahrnehmungen und Worten geschieht scheinbar wie von selbst. Wie Wahrnehmung zustande kommt und sich mit Begriffen verbindet, war für Philosophen des 18. Jahrhunderts ein wichtiges Thema. Immanuel Kant führte diese Diskussion weiter. Für den Autor der »Kritik der reinen Vernunft« (1781) garantiert die »synthetische Einheit der Apperzeption« als Voraussetzung die Möglichkeit von Erfahrung. »Das: Ich denke, muss alle meine Vorstellungen begleiten können; denn sonst würde etwas in mir vorgestellt werden, was gar nicht gedacht werden könnte, welches eben so viel heißt, als die Vorstellung würde entweder unmöglich, oder wenigstens für mich nichts sein« (Kant, 1781/2021, B131-132). Kant spricht in diesem Zusammenhang auch von einem »transzendentalen Ich«, eine Annahme, die von der empirischen Psychologie des 19. Jahrhunderts nicht geteilt wird. Die Einheit des Bewusstseins werde vielmehr durch Aufmerksamkeit gewährleistet, deren sammelnde Funktion auch mit einer Linse verglichen wird (vgl. Kapitel 3.1).

Der Buddhismus versteht sich als eine *anatta/anatman*-Lehre, also eine Lehre, die ein beständiges Ich verneint. Das einflussreiche Buch »Geistestraining durch Achtsamkeit«, das der buddhistische Mönch deutscher Herkunft Nyanaponika Anfang der 1950er Jahre verfasste (vgl. Kapitel 6.3), knüpft an die Theorien der Psychologie des 19. Jahrhunderts an. Im Eingangskapitel seines Buches wird Achtsamkeit als Garant für die Einheit des Bewusstseins und damit die Möglichkeit von Wahrnehmung genannt: »Achtsamkeit in ihrer elementarsten Erscheinungsform ist […] eine Grundfunktion des Bewusstseins, ohne welche es keinerlei Objektwahrnehmung gibt« (Nyanaponika, 1952/2007, S. 17). Achtsamkeit übernimmt bei Nyanaponika die Funktionen der Aufmerksamkeit, wobei er für seine Darstellung der burmesischen Methode auf den schottischen Aufklärer David Hume (1711–1776) zurückgreift, auf den sich unter anderen auch die Assoziationspsychologie beruft. Nyanaponikas Darstellung der Achtsamkeit folgt europäischen psychologischen Konzepten:

60 Dazu bedarf es weiterer Forschung.

eine erste Ebene der Achtsamkeit entstehe, wenn ein »genügend starker Reiz« auftrete, dann werde der »träge, dunkle Strom des Unbewussten« vom Bewusstsein »durchbrochen« (S. 17), und es entstehe Wahrnehmung durch Assoziation von isolierten Eindrücken (S. 150). Die Zusammenfassung von Einzelerfahrungen erlaube Generalisierungen (S. 18), aus denen sich abstraktes Denken entwickle. Diese »zweite entwickeltere Ebene von Achtsamkeit« (S. 18) muss nun durch »rechte Achtsamkeit« – gemeint ist *sati* – von »verfälschenden Einflüssen« freigehalten werden (S. 19). Um das »reine Beobachten«, das dazu verhelfen soll, zu charakterisieren, verwendet Nyanaponika den Vergleich mit einem Mikroskop, der sich bereits bei Ledi Sayadaw findet. Nyanaponika schreibt, hier müssten die Objekte »gesäubert, isoliert und unter der Linse festgehalten werden« (S. 31). Der Arbeitsprozess eines Naturwissenschaftlers, der die Objekte der Untersuchung sorgsam präpariert, um sie im Mikroskop betrachten zu können, wird zum Vergleich für die Übung der Achtsamkeit. Anders als im traditionellen Vergleich von *sati* mit der Tätigkeit eines Kuhhirten, der die Kühe entweder von den Äckern fernhält oder in Ruhe grasen lässt, wenn die Ernte vorbei ist; oder eines Wächters, der im Stadttor sitzt und die Eintretenden kontrolliert, oder des Chirurgs, der mit der Sonde eine Wunde ertastet, usw., spielen allgemeine lebensweltliche Vollzüge keine Rolle. In Nyanaponikas Beschreibung der Übungspraxis ist Achtsamkeitspraxis eine Art naturwissenschaftliche Tätigkeit: Es wird isoliert, gesäubert, festgehalten und durch eine Linse betrachtet. Auch zur Übung von »Wissensklarheit«[61] in Bezug auf den Körper wird die naturwissenschaftliche Perspektive – hier des Anatomen – zum Vergleich herangezogen: »Diese Übung öffnet gleichsam mit dem Seziermesser die Haut unseres Körpers und zeigt nüchtern, was sich unter ihr verbirgt« (S. 61).

Nyanaponika beschreibt Achtsamkeit mit den Metaphern eines empirisch-psychologischen, medizinischen, naturwissenschaftlichen Prozedere[62]. Damit verbindet sich die Übung von Achtsamkeit mit

61 Achtsamkeit für den Prozess der Wahrnehmungen und Gefühle, verbunden mit ethischer Haltung.

62 Eine genaue historische Verortung seiner Quellen scheint es bis jetzt nicht zu geben.

dem »kontrollierenden Blick« der modernen Disziplinierung, wie dies Foucault in »Überwachen und Strafen« (1976) unter anderem am Beispiel von Benthams Panopticum zeigt, auch wenn Nynanaponika dies nicht intendierte. Er wollte mit seinem Buch »The Heart of Buddhist Meditation«, geschrieben während des Kalten Krieges, einen Weg aus der Krise zeigen.

Auch unterscheidet Nyanaponika Achtsamkeit und Aufmerksamkeit nicht klar voneinander – und diese Unklarheit hat Folgen. Achtsamkeit als buddhistische Praxis soll zur Dekonstruktion der Fixierung auf das Subjekt als Zentrum von Wahrnehmung und Denken und zur Erkenntnis der Vergänglichkeit führen. Bei Nyanaponika wird Achtsamkeit aber als Grundlage der Objektkonstitution darstellt, also mit einer Funktion von Aufmerksamkeit gleichgesetzt, die aus der empirischen Psychologie bekannt ist. Diese Vermischung zusammen mit der veränderten Metaphorik ermöglicht den Transfer von Achtsamkeit aus dem buddhistischen Zusammenhang in zeitgenössische psychologische Praktiken. Die konzeptuelle Konfusion resultiert in neurowissenschaftlichen Studien, die Achtsamkeitstraining (mindfulness training) als das beste Mittel für mehr Aufmerksamkeit *(attention)*, Fokus und verbesserte exekutive Funktionen empfehlen (Jha, 2020). Achtsamkeit kann so zum Medium der Disziplinierung für Militär und Industrie werden.

7.3 Mindfulness Based Stress Reduction (MBSR): Von Metaphern zu Definitionen

Das MBSR-Curriculum, das Jon Kabat-Zinn in den 1980er Jahren entwickelte, entstand aus der Absicht, ein Programm für Tagespatientinnen und -patienten der Schmerzklinik zu entwickeln und die Essenz der Lehre des Buddha, so wie er sie verstand, in einen lebendigen Weg für normale Menschen zu übersetzen. Dies erklärte Kabat-Zinn in einem Interview mit der buddhistischen Zeitschrift »Tricycle«: »We're taking what we ourselves understand to be the principles and the essence of the Buddha's teaching and Buddhist wisdom, and we're translating it in such a way that it becomes a living, vibrant way of being for regular people. As in all the Buddhist traditions, when it comes down to it, you have to walk this path yourself.

What we're doing is giving people some basic tools and a perspective that will allow them to practice in one way or another for the rest of their lives« (Graham, 1991). Die für die moderne Medizin charakteristische, strikte Unterscheidung zwischen religiösem Heil *(salvific)* und medizinischer Heilung *(salvative)* werde, wie Kritiker anmerken, hier unscharf und porös (Schlieter, 2017). Kabat-Zinn wiederum unterscheidet zwischen der Religion des Buddhismus und dem »universalen Dharma«, dessen umfassender Wahrheitsanspruch jenseits konkreter Religionen sei, diese aber inkludiere (siehe Kapitel 4.1).

Achtsamkeitspraxis nach dem Curriculum von Jon Kabat-Zinn schöpft aus verschiedenen Quellen der buddhistischen Meditationspraxis. Die Einstiegsübung, bei der achtsam eine Rosine gegessen wird, stammt von Jack Kornfield (Kabat-Zinn, 2009, S. 332). Im Bodyscan, der ebenfalls in der ersten Einheit des Curriculums eingeführt wird, wird Achtsamkeit im Liegen geübt. Kabat-Zinn übernahm diese aus der burmesischen Vipassana-Tradition von U Ba Khin bzw. dessen Schüler Robert Hover (Anālayo, 2020b), wobei man bei U Ba Khin während dieser Übung zwei Stunden bewegungslos liegt, was zu großen Schmerzen führen kann. Kabat-Zinn reduzierte die Zeit auf 45 Minuten, in denen man ruhig am Boden liegend den eigenen Körper Schritt für Schritt achtsam als Ganzes zu erfahren sucht, möglichst ohne dabei sich oder die Erfahrung zu beurteilen. Bereits in der zweiten Einheit des Curriculums wird auf die enge Verbindung von Gedanken, Gefühlen und Körperempfindungen hingewiesen. *Vedana* (Gestimmtheit) zu beobachten, und die damit einhergehenden Lust- und Unlustgefühle, ohne zu reagieren, entspricht ebenfalls der Schule von U Ba Khin. Kabat-Zinn spricht hier eher von »festhalten und ablehnen« oder »mögen und nicht mögen«[63]. In den Anleitungen zur Meditation liegt der Fokus bei MBSR auf der Konzentration auf das Ein- und Ausatmen. Die Übung soll »zur direkten inneren Erfahrung des Ganz-Seins« führen, schreibt Kabat-Zinn. »Im Mittelpunkt der Achtsamkeitsmeditation steht »bewusstes *Nicht-Tun* und *Sein*« (Kabat-Zinn, 2009, S. 150). In diesen Formulierungen wird der Einfluss der Zen-Praxis deutlich. Von Ferne erinnert daran auch das »Neun-Punkte-Problem« in der zweiten Einheit des Curriculums,

63 Dank an Martina Drasczyk für diesen Hinweis.

dessen Lösung erfordert, gewohnte Denkschemata zu verlassen, und daher oft als überraschend erlebt wird.

Die Psychoedukation im MBSR-Curriculum versucht, ein Verständnis für die physiologischen und psychologischen Abläufe von Stress zu vermitteln, ebenso werden grundlegende Stressfaktoren benannt, etwa Hunger, Ärger, Müdigkeit oder Einsamkeit. Weiter wird angeleitet, das Kommen und Gehen von Gefühlen, Gedanken und Körperempfindungen wahrzunehmen, nicht festhalten oder sich damit identifizieren zu wollen. Achtsames Zuhören und achtsames Sprechen werden ebenfalls in einer Einheit des Curriculums geübt. MBSR-Lehrende werden angehalten, Gedichte als »Vermittler« einzusetzen, also Raum für nichtpropositionale Sprechweisen zu geben.

In »Full Catastrophe Living« (1990), deutsch »Gesund und stressfrei durch Meditation. Das grosse Buch der Selbstheilung« (1991), findet Kabat-Zinn eigene, neue Metaphern für Achtsamkeit, die sich aus der Motivation des MBSR-Curriculums ergeben. Es geht in der MBSR-Achtsamkeitspraxis wesentlich um Selbstkontrolle und Selbststeuerung. Das zeigt das Bild vom Kapitän auf hoher See: »Er überwacht, was sich seiner Kontrolle nicht entzieht, das andere lässt er geschehen« (Kabat-Zinn, 2009, S. 18). »Die vor Ihnen liegende Aufgabe besteht darin, sich in allen Situationen völlig in der Hand zu haben, also nicht nur bei gutem Wetter und Rückenwind, sondern auch auf hoher See, wenn die Wellen einer Stresssituation Sie umwogen. Sie müssen sich genau kennen und sich im Klaren darüber sein, was Sie wann, wie zu tun haben« (S. 18).

Die schon bei Ledi Sayadaw und Nyanaponika verwendete optische Metapher für Achtsamkeit findet sich bei Kabat-Zinn wieder. Achtsamkeit sei ein »wacher, höchst konzentrierter Zustand« (S. 58) und fungiere wie eine Linse, »die die aufgefächerten Energien unseres Geistes sammelt und im Brennpunkt der Aufmerksamkeit bündelt. Diese gebündelte Energie ist die Quelle für jede Heilung, für jede Problemlösung« (S. 26).

Achtsamkeit führt die Übenden vom Aktionsmodus in den Seinsmodus (S. 35), an den Ort der inneren Ruhe, an dem es möglich ist, dieses »geheimnisvolle Sein zu verwirklichen« (S. 100). Der Anklang an das sozialkritische Buch von Erich Fromm »Haben oder Sein« (1976) ist deutlich. Andere Metaphern und Formulierungen erinnern an New Thought (Kapitel 3.2) und die davon zehrende populäre Spiritualität. Etwa heißt es bei Kabat-Zinn, durch Achtsamkeit finde man zur »eigenen inneren Weisheit«, zu jenem »Teil des Selbst, den man als die Quelle aller positiven Energie bezeichnen könnte, jener Energie, die zu einem wirklichen Selbstverständnis führt und Heilung bewirkt« (Kabat-Zinn, 2009, S. 27). Durch »unterscheidende Weisheit« (S. 44) – eine buddhistische Formel – beginnen die Übenden die Zusammenhänge und »die feine, allen Dingen zugrundeliegende Ordnung wahrzunehmen, für die sie vorher einfach keine Antenne hatten« (S. 43). Die Achtsamkeit auf den Körper beim Bodyscan erscheint als »Reinigungsprozess«: so wie ein Metallbarren durch einen Feuerring bewegt wird, um das Metall zu reinigen (Kabat-Zinn, 1990, S. 93), so soll sich die achtsame Wahrnehmung durch den Körper bewegen. Diese Metapher für das Body Sweeping findet sich bereits bei U Ba Khin (siehe Kapitel 6.2).

Eine weitere Metapher oder besser ein Gleichnis (Kabat-Zinn, 2009, S. 20) stammt aus dem Film »Alexis Sorbas«: Anthony Quinn nimmt als Sorbas beim Anblick der in sich zusammenfallenden, mühsam errichteten Seilbahn seinen Chef um die Schulter und beginnt mit ihm zu tanzen.[64] Man kann Sorbas als Verkörperung eines gestressten Arbeitenden sehen, der nach einem MBSR-Kurs die Sache leichter nimmt und angesichts aller Mühsal, Fehlschläge, Niederlagen und Vergeblichkeiten seiner Arbeit trotzdem zu tanzen beginnt.

Definitionen im üblichen Sinn fehlen in Kabat-Zinns Buch. Später meinte er, es gehe ihm um »an instrumental and operational awareness at what is actually involved in the gesture of awareness« (Kabat-Zinn, 2013, S. 290). In der ersten wissenschaftlichenVeröffentlichung von 1982 liest man: »The practice of mindfulness meditation presupposes concentration to maintain steady attention. Rather restricting attention to one object, however, this approach emphasizes the detached observation, from one moment to the next, of a con-

64 Die Kunstfigur Alexis Sorbas ist ein Teil des kulturellen Gedächtnisses der zweiten Hälfte des vergangenen Jahrhunderts, und der Sirtaki – extra für den Film erfunden, da Quinn nicht so beweglich war, wie dies originale Volkstänze erfordern – wurde zum musikalischen Motiv unbeschwerten »südlichen Lebens«.

stantly changing fields of objects« (Kabat-Zinn, 1982, S. 34). Dafür bezieht er sich sowohl auf die Zen-Praxis nach Kapleau und Seung Sahn als auch auf die Vipassana-Tradition (S. 34). Erst fast zwanzig Jahre später, 2003, gibt Kabat-Zinn eine Definition: »Mindfulness is the awareness that emerges through paying attention on purpose in the present moment and nonjugdmentally for the unfolding of experience« (Kabat-Zinn, 2003, S. 145).

Kabat-Zinns Begriff von Achtsamkeit ist unentschieden: Auf der einen Seite subsumiert er alle differenzierten Bestimmungen, die sich im Theravada entwickelt haben, unter *mindfulness,* ohne die verschiedenen Aspekte – etwa Wissensklarheit *(sampajañña)* und Achtsamkeit *(sati)* – zu differenzieren (Cullen, 2006). »Mindfulness« ist für ihn ein Oberbegriff, der den universal verstandenen Dharma – die Lehre des Buddha – transportiert. Auf der anderen Seite publiziert Kabat-Zinn für ein »medizinisches und wissenschaftliches Publikum« operationale Beschreibungen, in denen Achtsamkeit auf die Wahrnehmung des gegenwärtigen Moments bezogen ist. In einem Gespräch für die Zeitschrift »Inquiring Mind« sagt er: »Sometimes I use *mindfulness* as a kind of umbrella term for the dharma. But in terms of an operational definition of mindfulness for people in a stress-reduction clinic or for a medical or scientific audience, I tend to speak of it as an awareness oriented in the present moment and cultivated by paying attention on purpose with a discerning, nonjudging, nonreacting, mirrorlike quality of mind which is underneath discursive thinking« (Cullen, 2006).

Ab Anfang der 2000er Jahre finden Achtsamkeitsübungen ein breites Anwendungsspektrum in psychotherapeutischen Kontexten, doch es gibt keine konsistente und von allen geteilte Definition und daher auch keine Evaluierung nach strengen Kriterien (Bishop et al., 2004, S. 134). Eine Wissenschaftlergruppe um Bishop, Lau, Shapiro und anderen schlägt eine umfangreichere operationale Definition von Achtsamkeit vor, bestehend aus: a) »selfregulation of attention«, bestimmt durch »sustained attention«, »attention switch« und »inhibition of elaborative processing« – Achtsamkeit ist demnach also Aufmerksamkeit auf den gegenwärtigen Moment, auf den immer wieder zurückgekommen wird, wobei Ablenkung durch emotionale Prozesse vermieden werden sollte; b) »orientation on experience« durch Neugier, Offenheit und Akzeptanz.

Diese Definition enthält keinerlei normative Elemente, weder in Bezug auf bestimmte – zum Beispiel buddhistische, humanistische oder andere – Ethiken noch in Bezug auf die Prozesse der Selbsterkenntnis, die sowohl in traditioneller Achtsamkeitspraxis als auch in MBSR-Kursen eine Rolle spielen. In den folgenden Jahren wird Achtsamkeit zum Gegenstand umfassender neurowissenschaftlicher Forschungen. Achtsamkeit wird nun als Fertigkeit bestimmt, die trainiert werden kann (Goleman u. Davidson, 2017), und es entstehen entsprechende Angebote für verschiedenste Lebensbereiche. Den Unterschied zu traditionellen Achtsamkeitsübungen soll ein Exkurs über Achtsamkeit im militärischen Kontext verdeutlichen.

7.4 Exkurs: Achtsamkeit für das Militär

Achtsamkeitsübungen werden von der British Royal Navy, Army and Air Force, der New Zealand Airforce und dem US-Militär eingesetzt (Hindsley, 2019). In unterschiedlichen Programmen, die von zwei Wochen bis zu den klassischen acht Wochen dauern können, lernen Berufssoldaten, sich auf das Ein- und Ausatmen zu fokussieren. Dadurch wird der mentale Fokus – »a transferable skill«, eine erlernbare Fertigkeit – verbessert und die mentale Kapazität erhöht, so Commander William McNulty vom United States Public Health Service (Hindsley, 2019).

Aus militärischer Perspektive wird Achtsamkeit definiert als »full attention to the present moment without elaboration, judgment, or emotional reactivity«.[65] Statt Gefühle, Gedanken und Körperempfindungen wahrzunehmen, ohne sie zu beurteilen, geht es darum, den mentalen Fokus zu halten, möglichst mit einer von allen emotionalen Störungen gereinigten »bare attention«. Achtsamkeitsübungen sind »Liegestütze für die Aufmerksamkeit«, stellt die Neurowissenschaftlerin Amishi Jha fest: »The sequence of events in this practice are: focus, sustain attention, notice, and redirect attention back to the breath when it wanders. This is what we might call a ›push-up‹ for your attention« (Jha, 2020).

65 www.militarymindfulness.org (Zugriff am 09.12.2021).

Das von Jha entwickelte vierwöchige Trainingsprogramm »Mindfulness-Based Attention Training« (MBAT) soll Stressresistenz, Aufmerksamkeit und Arbeitsgedächtnis des militärischen Personals stärken: »An individual's success in the U.S. Army relies on many factors including the integrity of executive functions (EFs). EFs comprise a complex, multi-faceted brain system necessary to pay attention, overcome habitual and automatic behaviors, regulate mood, and ensure that current behavior is in line with short and long-term goals. Yet, protracted periods of high uncertainty, high demands, and high stress can lead to decreases in the efficiency and availability of EFs. Given the high demands and psychological vulnerabilities that U.S. Army personnel may face, it is critical to provide them with training programs to protect against degradation of EFs (particularly attention and working memory) over high-stress, high-demand intervals« (Jha, 2017).

Für die bessere Erfüllung des Einsatzauftrags sollen kommunikative Fähigkeiten verbessert und gewalttätiges Verhalten als Folge von Stress verhindert werden, etwa wenn es darum geht, mit der Zivilbevölkerung in Afghanistan ein vertrauensvolles Verhältnis aufzubauen[66] oder sich beim Heimaturlaub rasch ins zivile Familienleben einfügen zu können (Stanley u. Jha, 2009). Jha bietet auf ihrer Website MBAT-Trainings auch für Ehefrauen von Soldaten an.

Eine Arbeitsgruppe der NATO für den Einsatz von ganzheitlicher Medizin im militärischen Bereich widmet Achtsamkeit und Meditation ein eigenes Kapitel im Abschlussbericht (Bobouraj, Bezin u. Büssing, 2017). Auch hier wird Achtsamkeit als Fähigkeit bestimmt, präsent zu sein und den mentalen Fokus zu halten. Meditation kann daher jede Tätigkeit sein: »The point of meditative practices is not to achieve some particular aim; rather, the goal is to train oneself to focus on the moment. […] Moreover, meditation can take on various forms, and each person's success at it is tied to the relevance of the form and acceptance of the particular behaviors it requires. For example, it takes all of one's focus on the present to bench-press effectively and safely. Therefore, weight lifting can be a form of meditation for some people. When it is understood that many of the fo-

66 Der Artikel wurde 2009 verfasst.

cused activities we engage in on a regular basis are really types of meditative practice, the impression that it takes years of practice and the skills of a yogi to appreciate the benefits of meditation (a potential stressor in itself) becomes less burdensome. The key message to patients is: ›Just start‹« (Bobouraj et al., 2017, S. 5–8).

Der therapeutische Einsatz von Achtsamkeit bei Posttraumatischem Stress (Posttraumatic Stress Disorder, PTSD) nach Auslandseinsätzen ist ein weiterer für das Militär interessanter Bereich (Zimmermann, 2018). Für den britischen General Tim Boughton, der im Irak, im Falklandkrieg, in Afghanistan und Nordirland im Einsatz war, erwiesen sich Achtsamkeitstechniken als hilfreich, erzählt er im Interview mit der New York Times. Dadurch könne er besser mit Traumata umgehen als andere Veteranen, denen diese »Ausrüstung« fehlt. Er beginne und beende den Tag mit fünf Minuten Atemmeditation. »The amount of brain power it frees by not being trapped in the past or the future is incredible […]. The military is seeing the mass benefits of this« (Richtel, 2019).

Die NATO hielt im Frühjahr 2019 in Berlin eine zweitägige Konferenz zu Achtsamkeit ab (Richtel, 2019). Aus diesem Jahr stammt auch ein von der NATO veröffentlichter Artikel von Jha und Kollegen, der Mindfulness Training (MT) als für das Militär und andere uniformierte Einheiten nützliches Werkzeug empfiehlt, um kognitiv im Vorteil zu sein: »the utility of MT as a training tool by which to achieve cognitive advantage in the service of improved operational readiness and effectiveness, as well as greater resilience and well-being in military and other uniformed cohorts« (Jha, Rogers, Schoomaker u. Cardon, 2019, S. 10).

Achtsamkeit wird hier auf funktionale Fähigkeiten begrenzt. Zudem geht es nicht um einen besseren und bewussteren, humaneren Umgang mit Emotionen und Vor-Urteilen, sondern darum, Emotionen und Gedanken auszublenden, um erfolgreich den Fokus zu halten. In traditionellen Achtsamkeitspraktiken behindert dies jede Praxis, die an Erwachen und Befreiung orientiert ist.

8 Achtsamkeitspraktiken

In den zeitgenössischen Industriegesellschaften ist Achtsamkeit in mehrfacher Hinsicht ein ökonomischer Faktor. Der Umsatz durch Workshops, Kurse, Apps, Bücher, Websites und Ähnliches lag 2018 bei 4 Milliarden US-Dollar. Die App »Headspace« – die bekannteste einer boomenden Zahl von Meditations-Apps – hatte 2016 6 Millionen Nutzer und Nutzerinnen; vier Jahre später waren es 65 Millionen, also mehr als das Zehnfache (Vugrin, 2021). Achtsamkeit gilt als ein Faktor der erfolgreichen beruflichen Performance, der persönlichen Psychohygiene und der Psychotherapie; und zudem gilt Achtsamkeit als »Tool«, ein Werkzeug, das in verschiedenen Bereichen der segmentierten Gesellschaft des fortgeschrittenen Industrie- und Informationskapitalismus eingesetzt werden kann, mit Programmen je nach den Anforderungen der verschiedenen Segmente (eine umfangreiche Darstellung der Programme siehe bei Ivtzan, 2019).

8.1 Biotope der Achtsamkeit

Versucht man eine Art Karte der Landschaft dessen zu erstellen, was unter dem Titel »Achtsamkeit« angeboten wird, so lassen sich verschiedene »Biotope« unterscheiden, differenziert nach Motivation, Zielsetzung und Ausgestaltung der Achtsamkeitspraktiken, wobei die Biotope einander überlagern oder auch beeinflussen können.

Das *Biotop Spiritualität:* Achtsamkeit wird als Praxis eines Meditations- bzw. Kontemplationsweges verstanden, als ein Weg der Selbstkultivierung und Transzendierung. Buddhistische, hinduistische, jüdische, christliche und islamische Praktiken pflegen verschiedene Formen von Achtsamkeit als Weg zu einer Erfahrung, die sich der eindeutigen Versprachlichung entzieht und in verschiedenen Traditionen unterschiedlich benannt wird, etwa als »Absolutes«, »Nirwana«, »Gott«. Thematisiert wird dies in der Religionswissenschaft, Religionsphilosophie und in der Theologie der Religionen.

Das *Biotop Human Potential + Contemplative Psychology and Contemplative Science:* Die psychologische und neurowissenschaftliche Erforschung meditativer Traditionen begann unter anderem mit Abraham Maslow in den 1960er und 1970er Jahren (Komjathy u. Birkel, 2015, S. 25–39). Contemplative (Neuro-)Science nützt neue Technologien wie fMRT und erforscht die metakognitive, selbstregulatorische Kapazität des Geistes (Dorjee, 2016), wobei die meisten Versuchspersonen aus tibetisch-buddhistischen Traditionen kommen (Goleman u. Davidson, 2017). Die Neurowissenschaften werden im buddhistischen Kontext deswegen oft als Bestätigung der eigenen religiösen Praxis gesehen. Die Ergebnisse dieser Forschung scheinen die Vorstellungen des »Human Potential Movement« und der humanistischen Psychologie zu bestätigen, wonach das Potenzial der Individuen, der Gesellschaft oder der Menschheit im Ganzen für ein erfülltes Leben in einer den Alltag übersteigenden Dimension liegt. Achtsamkeit gilt in diesem Biotop als »säkulare Meditation«, die bestimmte Effekte erzielen soll. Etwa verspricht das *Compassion-Training* (Singer u. Bolz, 2013) eine Methode zur Verbesserung der Gesellschaft durch ein Acht-Wochen-Programm mit Übungen von Achtsamkeit und Mitgefühl. Die »Integrale Meditation« (Wilber, 2105; dt. 2017) verbindet, wie es im Werbetext des deutschen Verlags heißt, »den östlichen Weg der Meditation und des achtsamen Lebens und den westlichen Weg der Erforschung der menschlichen Psyche und Evolution«, um einerseits »zum »Aufwachen«, zur völligen Freiheit von allen persönlichen Grenzen« zu führen, andererseits zum »Aufwachsen«, also zur emotionalen und mentalen Integration der Persönlichkeit.[67]

Der Psychologe und Achtsamkeitslehrer Rick Hanson verbindet in »Neurodharma« (2020) Achtsamkeit und Psychoedukation. Die »Neuverdrahtung« des Gehirns soll zu Mitgefühl und Weisheit, aber auch zu tieferen Erfahrungen führen, wie sie in buddhistischen Schriften als Form der Verwirklichung beschrieben werden – zum Beispiel

67 https://www.droemer-knaur.de/buch/ken-wilber-integrale-meditation-9783426292686 (Zugriff am 23.11.2021).

die für die Vertiefungen (*jhāna*) beschriebene Raum-Zeit-Freiheit (siehe Kapitel 5.4). Auch Goleman und Davidson (2017) orientieren ihre Vorschläge, Meditationspraxis als Mittel zur Erweiterung des »Human Potential« effizient zu nutzen, an den Ergebnissen der Gehirnforschung.

Im *Biotop Arbeit und Freizeit* gelten Achtsamkeitsübungen als Hilfe bei Burn-out und Depression, als Stressprävention, aber auch als Mittel zur Verbesserung der Leistungsfähigkeit (»achtsames Management«), außerdem der Beziehungsfähigkeit und allgemeinen Lebensqualität.

Für das *pädagogische und pflegerische Biotop* fungiert Achtsamkeit als hilfreiches Werkzeug in der Kindererziehung, der Schule (für Schüler wie Lehrerinnen), in der Pflege, aber auch in Zwangskontexten wie dem Gefängnis. Praxisanleitungen, Handbücher und empirische Untersuchungen liefern das Know-how.

Im *Biotop Lifestyle*[68] empfiehlt sich Achtsamkeit als Mittel zu einem besseren Leben. Adressatinnen sind viel beschäftigte Menschen, die zwar wenig Zeit für Meditation haben, aber durch Achtsamkeit zu einer verbesserten Work-Life-Balance kommen wollen. Achtsamkeits-Apps sind hier als Unterstützung gefragt. Auffällig oft werden Haushaltstätigkeiten mit dem Adjektiv *mindful* versehen – *mindful cooking, mindful decluttering, mindful cleaning:* alles Tätigkeiten, die meist Frauen zugeschrieben werden – nicht verwunderlich, sind doch in Achtsamkeitskursen Frauen bei Weitem in der Überzahl. Eine eigene Literaturgattung propagiert Achtsamkeit für verschiedene Stadien im Leben von Frauen (»gendered mindfulness«, Wilson, 2014). Der weibliche, urbane, schicke Lifestyle der *Tranquilista* gilt als spirituell: »she is spiritual (she's a tranquility seeker), creative (loves style), and entrepreneurial (calls her own shots). She hearts fashion and philanthropy. Parties and prayer. Entertaining and enlightenment. The golden rule and layers of vintage gold bangles«, schreibt Kimberly Wilson (2010, zit. nach Wilson, 2014, S. 141).

68 Dieser Abschnitt folgt im Wesentlichen der Argumentation von Wilson: »Marketing Mindfulness: How is mindfulness turned into a product« (Wilson, 2014, S. 133–158).

Hausfrauen und Mütter können ihrem Leben durch Achtsamkeit eine besondere Qualität geben: »*Momfulness* is the word I use for this spiritual practice of conscious mothering. When we mother with mindfulness and compassion and a willingness to let this vocation awaken our hearts and transform our lives, we walk a spiritual path« (Roy, 2007 zit. nach Wilson, 2014, S. 145). Reiferen Frauen – wenn die Kinder aus dem Haus sind, sie vielleicht die Scheidung hinter sich haben und wieder allein leben – wird achtsames Multitasking als typisch weibliche Qualität zugeschrieben: »Women are multifocused, multifaceted, multitasking wonders. We are aware of and can pay attention to multiple things at once while also noting how we are feeling within the process. These are natural talents conducive to mindful living« (Thoelle, 2008 zit. nach Wilson, 2014, S. 146). Es scheint, dass es nahezu keine Tätigkeit und kein Thema gibt, bei dem Achtsamkeit nicht in irgendeiner Form als hilfreich empfohlen wird; ob man nun achtsam besser Rad fährt[69], sich duscht[70], Wein verkostet[71] oder besseren Sex haben möchte.[72]

Die Heterogenität der Sehnsüchte, die sich mit einem diffusen Konzept von Achtsamkeit verbinden lassen, macht Achtsamkeit zu einer Handelsware, die in verschiedensten Formen vermarktbar ist. Bücher, CDs, Zeitschriften, Blogs, Apps etc. bieten Achtsamkeit in Form von Selbsthilfe, als Biografie, Reisebericht, als spirituelles Manual oder als wissenschaftlichen Artikel an. Auch wenn der *Akt des Gewahrseins* immateriell ist und nicht »verpackt, abgefüllt, übertragen, gewogen oder gemessen werden« kann (Wilson, 2014, S. 136), nimmt Achtsamkeit den Charakter einer Ware an: Die Expertise von Achtsamkeitslehrerinnen ist eine Dienstleistung, die ihren Preis hat. Materielle Hilfsgüter wie Glocken, Gongs, Meditationskissen, spezielle Kleidung für Meditation, eventuell auch Buddhastatuen oder Räucherstäbchen werden als Lifestyle-Produkte vermarktet. Ronald

69 https://www.bicycling.com/skills-tips/a21950505/cycling-mindfulness-and-meditation/ (Zugriff am 23.11.2021).

70 http://pursuitofmindfulness.com/mindful-shower-perfect-start-every-day/ (Zugriff am 23.11.2021).

71 https://www.liquor.com/mindful-drinking-5074601 (Zugriff am 23.11.2021).

72 https://www.headspace.com/articles/mindful-sex (Zugriff am 23.11.2021).

Purser (2019) kritisiert diese inflationäre Achtsamkeitspropaganda als kapitalistische Vereinnahmung.

Das *Biotop Achtsamkeits-App* ist das größte Biotop mit zurzeit rund 2000 verschiedenen Apps, die von Millionen Menschen weltweit genutzt werden. Kurze geführte Meditationen sollen helfen, um fokussierter zu sein, besser schlafen zu können, mehr Selbstwertgefühl zu haben, glücklicher zu sein usw. Genutzt werden Meditations-Apps nicht nur von Einzelpersonen, sondern auch von großen Firmen wie Google, Tesco, Zalando, Accenture, Bosch und anderen.[73] Die Umsätze der TOP-10-Apps lagen 2020 bei rund 195 Millionen Dollar.[74]

Als eigenes kleines Biotop kann das Bemühen um *Achtsamkeit in der Ökonomie* gelten. Das Netzwerk *Achtsame Wirtschaft*, 2004 von Kai Romhardt gegründet, versteht sich als Plattform zur Umsetzung buddhistischer Ethik in der Wirtschaft. Achtsamkeitsübungen ebenso wie die Frage eines heilsamen Umgangs mit Geld, achtsamer Konsum oder generell ein »einfaches Leben« – ohne weitere Beschreibung, was darunter zu verstehen sei speisen sich aus dem »Potenzial der buddhistischen Lehre (Dharma)«[75]. Dazu gehören sowohl Ethik als auch Meditationspraxis. Das Netzwerk Achtsame Wirtschaft steht der Deutschen Buddhistischen Union (DBU) nahe und ist Mitglied bei der Österreichischen Buddhistischen Religionsgesellschaft. Mit seinen Büchern über die Verbindung von Ökologie und Meditationspraxis zählt der US-amerikanische Philosophieprofessor und Zen-Lehrer David Loy (2021) zu den Impulsgebern dieses Biotops. Das von ihm mitbegründete Rocky Mountain Ecodharma Retreat Center soll eine mit der Natur verbundene Meditationspraxis unterstützen, um einen Weg aus der ökologischen Krise zu ermöglichen.

73 https://mindfulmind.ch/achtsamkeit-in-unternehmen/ (Zugriff am 23.11.2021).

74 https://www.businessinsider.de/wirtschaft/meditieren-ist-nicht-nur-etwas-fuer-menschen-wie-bill-gates-europa-chefin-der-meditations-app-headspace-ueber-den-nachfrage-boom-in-der-krise/ (Zugriff am 23.11.2021).

75 https://achtsame-wirtschaft.de/was_wir_tun.html (Zugriff am 23.11.2021).

8.2 Achtsamkeitsbasierte Methoden

Das von Jon Kabat-Zinn in Zusammenarbeit mit Saki Santorelli entwickelte *MBSR-Programm, Mindfulness Based Stress Reduction,* positionierte Achtsamkeitspraxis in einem klinisch evaluierten Curriculum: Aus einer monastischen Übung wird ein medizinisch und psychologisch evaluiertes und empfohlenes Training, dessen Lehrpersonal eine entsprechende Ausbildung vorweisen muss. Verbunden mit der Professionalisierung von Achtsamkeit kommt es zur Bildung von Markenbezeichnungen, einer »branded mindfulness« (Wilson, 2014, S. 147). Kabat-Zinn hatte, da er Achtsamkeitspraxis als einen für alle Menschen offenen Entwicklungsweg sah, MBSR zunächst nicht als eingetragene Marke schützen lassen. Seit 2001 ist MBSR jedoch beim US-amerikanischen Patentamt USPTO als Marke registriert.

Ab Ende der 1990er Jahre entstanden nach dem Vorbild des MBSR-Curriculums verschiedenste Acht-Wochen-Programme, am bekanntesten ist *MBCT, Mindfulness Based Cognitive Therapy* (dazu unten mehr). In manchen Ländern wurden Achtsamkeitskurse auch in das öffentliche Gesundheitssystem aufgenommen. So zahlen in der Schweiz und in Deutschland einige Krankenkassen MBSR- und MBCT-Kurse. In Großbritannien empfiehlt der National Health Service (NHS) Achtsamkeit auf einer eigenen Website[76] bei Angst und Depression. MBCT wird darüber hinaus vom NHS für Patienten und Patientinnen mit einer Rückfallgeschichte empfohlen und in manchen Teilinstitutionen des NHS auch bezahlt.[77]

Die verschiedenen neuen Curricula setzen Achtsamkeitsmeditation in unterschiedlichem Umfang und für unterschiedlichste Inhalte und Zielsetzungen ein, viele davon sind durch wissenschaftliche Forschung gestützt oder auch evaluiert. Für fast jedes dieser Acht-Wochen-Curricula werden Ausbildungen und mehrstufige Zertifizierungen angeboten, die vorweisen sollte, wer dieses Curriculum unterrichten will. Manche Curricula sind als Handelsmarke geschützt, andere beziehen sich auf Bücher und Veröffentlichung

76 https://www.nhs.uk/conditions/stress-anxiety-depression/mindfulness/ (Zugriff am 23.11.2021).
77 https://bemindful.co.uk/faq/ (Zugriff am 23.11.2021).

ihrer Initiatoren, wieder andere Curricula sind in manchen Ländern nur für bestimmte Berufsgruppen zugänglich – in Deutschland etwa darf MBCT nur von psychotherapeutischem Fachpersonal vermittelt werden, in Österreich ist die Regelung nicht eindeutig.

Eine umfangreiche Darstellung von Achtsamkeitsbasierten Programmen im Bereich Erziehung und Therapie findet sich bei Ivtzan (2019). Die folgenden Kurzcharakteristiken sind zeitlich geordnet, um einen Eindruck und ungefähren Überblick über die Entwicklung zu vermitteln, jedoch ohne einen Anspruch auf Vollständigkeit zu erheben. Meistens orientiert sich die zeitliche Einordnung am Erscheinungsjahr der betreffenden Publikation.

8.2.1 Segmentierte Achtsamkeit: Eine offene Liste

Achtsamkeit wird seit etwa 2000 als Tool und in Form von Curricula – meist nach dem Vorbild von MBSR – in den unterschiedlichsten Segmenten in den Industriestaaten des Nordens angewendet. Chronologisch gehört *Achtsamkeit in der Schule* zu den frühesten Anwendungen: 1997 initiierte das Center for Contemplative Mind in Society in Zusammenarbeit mit dem American Council of Learned Society ein Programm für »Contemplation in higher education«. Das von Mirabai Bush 1996 gegründete Center bot auch Achtsamkeitsmeditation für CEOs großer Firmen an – ein damals umstrittenes Projekt (Tworkov, 2001). In der Zwischenzeit sind verschiedenste Programme für den Einsatz von Achtsamkeit im Bildungssystem entwickelt worden. Das 2016 erschienene »Handbook of Mindfulness in Education« (Roeser u. Schonert-Reichel 2016) bietet einen guten Überblick über die Thematik. Seit einigen Jahren haben sich an Achtsamkeit orientierte deutschsprachige Hochschullehrende zu einem Netzwerk www.achtsamehochschulen.de (Zugriff am 23.11.2021) mit internationalen Kooperationspartnern zusammengeschlossen.

Mindfulness-Based Childbirth and Parenting, MBCP, entwickelt von Nancy Bardacke (1998), ist ein neunwöchiges Kursprogramm, das werdende Eltern auf Schwangerschaft, Geburt und die tiefgreifenden Veränderungen der Lebenssituation im Leben mit dem Säugling vorbereitet. Die Ausbildung zur MBCP-Kursleiterin richtet sich an Hebammen und andere Fachleute, die mit Schwangeren arbeiten (Vieten u. Astin, 2008).

Jurisight® (1998), entwickelt von Scott Rogers für Juristinnen und Rechtsanwälte, ist Teil verschiedener Acht-Wochen-Programme, die als »Mindfulness in Law« an dem von Rogers geführten Institut an der Law School der University of Miami angeboten werden. Juristische Termini und Bilder werden genutzt, um in »six-minutes-solutions« – Kürzest-Texte und kurze Übungen – Prinzipien der Achtsamkeit zu vermitteln und so zum Wohlbefinden der Juristen und Richterinnen beizutragen, damit diese ihre Arbeit besser ausführen können. Ein Beispiel: Das Habeas-Corpus-Prinzip (1687) besagt, dass ein Beschuldigter in Person vor das Gericht zu bringen ist. Als Achtsamkeitsprinzip gelesen verweist es auf die Bedeutung des Körpers und der Sinne für die Achtsamkeitsübung.[78] Ziel ist, das Rechtssystem durch Achtsamkeit zu verändern und zu verbessern (Wilson, 2014, S. 149).

Mindfulness Based Cognitive Therapy, MBCT (2000/2001), wurde von dem Psychiater Mark G. Williams, dem Kognitionspsychologen und Spezialisten für Depression Zindel V. Segal und John D. Teasdale, einem Pionier der Kognitiven Therapie (Segal, Williams u. Teasdale, 2001), entwickelt. MBCT verbindet MBSR (Mindfulness Based Stress Reduction) mit Methoden kognitiver Verhaltenstherapie. Ziel ist, das Rückfallrisiko bei Patienten mit einer oder mehreren depressiven Episoden zu reduzieren. MBCT wird vom britischen National Health Service (NHS) als Therapie empfohlen statt Antidepressiva (Piet u. Hougaard, 2011; Chiesa u. Seretti, 2011; Cladder-Micus, Becker, Spijker, Speckens u. Vrijsen, 2019).

Mindfulness-Based Eating Awareness Training, MB-EAT (um 2000), wurde als neunwöchiges Kursprogramm von Jean Kristeller (Indiana State University) entwickelt, einer Mitarbeiterin von Jon Kabat-Zinn (Kristeller u. Wolever, 2011). Geübt wird der achtsame Umgang mit Essen, Hunger und Sättigung; dazu gibt es Meditationen über Vergebung und Verbindung mit der eigenen inneren Weisheit. Das MB-EAT-Programm sieht Essstörungen nicht als Suchtverhalten. Ziel ist, die Beziehung von Männern und Frauen zu sich selbst und

78 http://jurisight.com/Jurisight%20Terms/page28/Going%20Through%20The%20Motions.html (Zugriff am 24.11.2021).

so ihr Essverhalten zu verändern. Es geht um Qualität statt Quantität und um die persönlichen Quellen der Erfahrung von Zufriedenheit.

Radical Responsibility® (2000): Fleet Maull, Zen-Meister und Acharya der Shambala Meditation Community, entwickelte dieses Programm auf Basis eigener Erfahrung. Als junger Mann saß er 14 Jahre wegen Drogenhandels im Gefängnis. In dieser Zeit gründete er unter anderem das Prison Meditation Project[79]. In dem Acht-Wochen-Kurs *Radical Responsibility* geht es um die Klärung der eigenen Werte, um Selbstbestimmung und ein Verlassen der Opferrolle. Achtsamkeit ermöglicht Selbstwahrnehmung und Selbstregulierung, um schließlich »ohne Selbstkritik furchtlos das eigene höchste Ziel *(purpose)* zu leben und eine unaufhaltsame Kraft des Guten zu werden« (Maull, 2019, Übers. U. B.).

Mindful Selfcompassion, MSC (2003), entwickelt von Kristin Neff – sie unterrichtet Psychologie und Persönlichkeitsentwicklung (University of Texas, Austin) und Christopher Germer, einem Klinischen Psychologen. Das evaluierte Acht-Wochen-Programm soll auf der Grundlage von Achtsamkeitsübungen helfen, mit sich selbst so umzugehen, wie man mit einem guten Freund oder einer guten Freundin umgeht. Dazu gehören Freundlichkeit und Mitgefühl für sich selbst, Achtsamkeit für die eigene Befindlichkeit, aber auch der Blick auf allgemein menschliche Schwierigkeiten und Leiden. Dafür ist Achtsamkeit eine wichtige Voraussetzung. MSC will Ressourcen zum Selbstmitgefühl und dem Umgang mit schwierigen Gefühlen vermitteln.

Cognitively Based Compassion Training, CBCT® (2004): Das »kognitiv basierte Mitgefühlstraining« wurde an der Emory University von Geshe Lobsang Tenzin Negi, einem ehemaligen buddhistischen Mönch aus der Gelugpa-Tradition, entwickelt. In Zusammenarbeit mit dem Dalai Lama stellte Negi aus der tibetischen Meditationstradition *Lojong* ein Set von Meditationspraktiken zusammen. CBCT versteht sich als eine zeitgenössische, säkulare Methode, die unabhängig von Glauben oder Religionssystemen ist, diese aber unterstützt. CBCT wird vor allem von Ärzten, Krankenschwestern, Seelsorgerinnen und anderen geübt, die in Bereichen arbeiten, in der

79 www.prisonmindfulness.org (Zugriff am 24.11.2021).

mitfühlende Sorge *(compassionate care)* notwendig ist. Der Acht-Wochen-Kurs richtet sich auch an Menschen, die mit Angst, Stress, Depression, Scham, Sucht, Burn-out, Erschöpfung und Müdigkeit, Überforderung durch Elternschaft zu kämpfen haben. Geführte Meditationen und analytische mentale Übungen werden kombiniert, beginnend mit der Stabilisierung von Achtsamkeit und Bewusstheit *(attention and awareness)* der mentalen Aktivitäten. So können Übende Verbundenheit mit anderen und mitfühlende Sorge entwickeln, ohne Symptome von Erschöpfung aus Mitgefühl zu zeigen.

Mindfulness-Based Relationship Enhancement, MBRE (Carson, Carson, Gil u. Baucom, 2004), ist eine Ausweitung von MBSR auf Paarbeziehungen. Gelernt werden soll Achtsamkeit, Erfahrungen zu akzeptieren, so wie sie auftreten, Entspannung, besseres Selbstvertrauen und Wahrnehmung des anderen. Geübt werden unter anderem Liebende-Güte-Meditation für die Partnerin oder den Partner, aber auch offen zu werden für alltägliche kleine »angenehme Ereignisse«, achtsames Berühren und Anblicken der anderen Person.

Mindfulness-Based Pain Management, MBPM (2004), wurde von Vidyamala Burch und Danny Penman entwickelt. Vidyamala Burch leidet selbst seit Jahrzehnten an einer Rückgratverletzung. Aus dieser Erfahrung und basierend auf MBSR und MSC werden Übungen angeboten, die Menschen mit chronischen Krankheiten und Schmerzen helfen, wieder ein gutes Leben zu führen.

Interpersonal Mindfulness Project, IMP (2007/2009), entwickelt von Florence Meleo-Meyer (langjährige Direktorin des Oasis Institute for Professional Education and Training am Center for Mindfulness) und der Psychotherapeutin und Meditationslehrerin Phyllis Hicks. IMP basiert auf dem von Gregory Kramer entwickelten *Insight Dialogue,* einer Anwendung von Achtsamkeitsübung – also Einsichtsmeditation – auf zwischenmenschliche Beziehungen. IMP ist ein Acht-Wochen-Kurs, in dem Achtsamkeitspraxis mit thematisch festgelegten, zeitlich durchstrukturierten Zwiegesprächen verbunden wird. Die Themen dieser Zwiegespräche widmen sich grundlegenden Lebensfragen (Umgang mit Emotionen, Rollen und Selbstbildern, Leben und Sterben etc.) und orientieren sich an den Übungssequenzen des Insight Dialogue. Im Unterschied zu Kramers *Insight Dialogue* spielt für IMP die buddhistische Ethik und

Erkenntnistheorie keine unmittelbare Rolle. Interpersonal Mindfulness versteht sich als säkulare, nichtreligiöse Methode bzw. Übung.

Mindful Eating, Conscious Living, ME-CL (2009), wurde von Joan Chozen Bays und Char Wilkins entwickelt – ein Acht-Wochen-Kurs für Menschen mit einem schwierigen Verhältnis zum Essen, der auf MBSR und MBCT basiert und eine umfassende sinnliche Erfahrung der Nahrung und Ernährung vermitteln will (Bays, 2009).

Mindfulness Based Relapse Prevention, MBRP, wurde 2011 am Addictive Behaviors Research Center, University of Washington von dem Klinischen Psychologen Gordon A. Marlatt entwickelt, dessen Spezialfeld Suchtverhalten ist, zusammen mit den Psychologinnen und Achtsamkeitslehrerinnen Sarah Bowen und Neha Chawla. Das Programm unterstützt Personen mit Suchtverhalten und -tendenzen durch ein Neun-Wochen-Programm, in dem Achtsamkeit auf Suchtauslöser, zerstörerische Verhaltensmuster und automatische Reaktionen geübt werden. MBRP dient wie MBCT als Rückfallprophylaxe und eignet sich für Personen, die die Erfolge ihrer Suchttherapie aufrechterhalten und einen Lebensstil entwickeln wollen, der Wohlbefinden und Genesung unterstützt (Witkiewitz, Marlatt u. Walker, 2005).

Mindful Parenting nach einem Modell von Larissa Duncan, J. Douglas Coatsworth und Mark T. Greenberg (Duncan et al., 2009), entwickelt von den Psychologinnen Susan Bögels und Katrin Restifo (Bögels u. Restifo, 2014), ist ein Acht-Wochen-Kurs; und in Anlehnung daran:

Mindful Compassionate Parenting, MPC, ein Zehn-Wochen-Kurs, entwickelt von Jörg Mangold. Wesentliche Ziele dieser Kurse sind, dass Eltern üben, ihrem Kind mit voller Achtsamkeit zuzuhören, sich selbst und das Kind nichturteilend anzunehmen, emotionale Wachheit für das Kind und sich selbst, Selbstregulierung in der Kind-Eltern-Beziehung, sowie Mitgefühl für das Eltern-Selbst und das Kind (Duncan, Coatsworth u. Greenberg, 2009; Gouveia, Carona, Canavarro u. Moreira, 2016). Initiiert hatten diese Perspektive Jon Kabat-Zinn und seine Frau Myla mit ihrem Buch über achtsame Kindererziehung (Kabat-Zinn u. Kabat-Zinn, 1997).

Mindful Leadership (2010) wurde von Janice Marturano in Zusammenarbeit mit Jon Kabat-Zinn und Saki Santorelli entwickelt. Formelle Achtsamkeitsmeditationen werden mit Praktiken verbunden, die im Alltag am Schreibtisch geübt werden können. Ziele sind Reflexionen über die Entwicklung von Führungskompetenz und Entscheidungsfähigkeit, verbesserte Kreativität und die Fähigkeit, den Fokus zu behalten, Problemlösungen für das Unternehmen zu finden, aber auch größeres Mitgefühl zu leben und zu verkörpern, etwa indem den Arbeitenden eine größere Community geboten werden kann.

Mindfulness Based Compassionate Living, MBCL, wurde 2012 von Frits Koster und Erik van den Brink entwickelt. Der Acht-Wochen-Kurs folgt den Programmen von MBSR-/MBCT-Kursen, verbunden mit Übungen aus MSC. Ziel ist, Achtsamkeit besser ins eigene alltägliche Leben zu integrieren. Die Klientinnen sollen ihre tieferen Bedürfnisse erforschen und lernen, passende Methoden und Übungen zur Bewältigung der jeweiligen Situation zu wählen.

Mindfulness Based Mind Fitness (MMFT)® von Elisabeth Stanley (seit 2011; Stanley, Schaldach, Kiyonaga u. Jha, 2011) soll Personen, die in Situationen mit extremem Stress arbeiten, befähigen, ihre Leistungsfähigkeit und Resilienz zu verbessern. Achtsamkeit wird als Fertigkeit *(skill)* verstanden und in einem 20-Stunden-Kurs geübt. Die Übungen ähneln dem eines MBSR-Kurses, sind teilweise kürzer und ergänzt durch Biofeedback, mit dem Ziel, die Stressresilienz zu verbessern.[80] »Konkrete Anwendungen für operative Situationen«, sprich zum Beispiel ein nachgebautes afghanisches Dorf mit Bombenexplosionen und als Einheimische verkleidete Schauspieler (Wilson, 2014, S. 151), sind ebenfalls Teil des Curriculums. Das Ergebnis soll eine »mentale Rüstung« sein, die die operative Effektivität des Kämpfers und das Vermögen erhöht, nach stressreichen Erfahrungen wieder auf die Beine zu kommen (Stanley u. Schaldach, 2011).

Mindfulness Based Attention Training, MBAT (2012) wurde von Amishi Jha entwickelt. Es sind zwei- bis vierwöchige Kurse als Training eigens für Personal der US-Armee, die sich auf die »Integrität exekutiver Funktionen« auch in extremen Stresssituationen konzentrieren (siehe ausführlicher in Kapitel 7.4).

Mindfulness-Based Strategic Awareness Training, MBSAT (2016), wurde von Juan Humberto Young aus seiner Erfahrung als Wirt-

80 https://militarymindfulness.org/mindfulness-research-articles/2019/3/7/mindfulness-based-mind-fitness-training-mmft-a-review (Zugriff am 24.11.2021).

schaftstreibender entwickelt. Das Acht-Wochen-Programm verbindet Forschungsergebnisse aus Management, Verhaltensfinanz (Behavioral Finance) und Neurowissenschaften mit Achtsamkeitsmeditation und Erkenntnissen der Positiven Psychologie. Gedacht ist es für Führungskräfte aus verschiedenen Bereichen, um sie im Umgang mit raschem Wandel zu unterstützen, Chancen erkennen und ergreifen zu können, sich anzupassen und zu wachsen.

Eine Metareflexion für die Ausbildung von Achtsamkeitslehrenden bietet *Mindfulness-Based Interventions, Teaching Assessment Criteria, MBITAC,* (2017): An britischen Universitäten werden Ausbildungen zu MBSR-Lehrenden als Postgraduate bzw. Masterprogramme angeboten. Die Bangor University zählt zu den wichtigen Anbietern dieser universitären Achtsamkeitskurse. Hier wurde ein Manual für die qualitative Evaluierung für MBSR- und MBCT-Lehrerinnen und -Lehrer in Ausbildung entwickelt[81]. Bewertet werden kommunikative Fähigkeiten, außerdem die Fähigkeit, das MBSR- oder MBCT-Curriculum an die jeweilige Gruppe anzupassen *(pacing),* die Atmosphäre und Stimmung in der Gruppe so zu halten, dass das Klima persönliches Lernen der Teilnehmenden unterstützt. Achtsamkeitspraktiken sollen angemessen angeleitet, die Themen des Kurses durch Fragen an die Teilnehmenden bzw. durch gezieltes, nichtdirektives Nachfragen *(inquiry)* und angemessene Didaktik vermittelt werden. Wesentlich ist, dass und wie sehr die Lehrperson selbst Achtsamkeit verkörpert, wobei auch Lehrende einen Entwicklungsprozess durchlaufen: von Anfängern, die erlernten Regeln folgen, bis zu Fortgeschrittenen, bei denen die Fähigkeiten des Unterrichtens ein Teil der Persönlichkeit geworden sind, sodass die oder der Lehrende Teil der Gruppe sein kann und der Prozess des Unterrichtens fluid und durchlässig wird (Crane et al., 2017).

Eine eigene Perspektive nimmt ab den 1990er Jahren *Achtsamkeit in Organisationen* ein, die sich an Ellen Langers Forschung (1989/2014) orientiert als »westlicher Achtsamkeitspraxis« (Vogus u. Sutcliffe, 2013). Achtsamkeit gilt für Langer als eine Fähigkeit zur aktiven Differenzierung und Verfeinerung von Kategorien, aber auch

81 http://mbitac.bangor.ac.uk/documents/MBITACmanual0517.pdf (Zugriff am 24.11.2021).

Neuschaffung von Kategorien aus dem Strom der Ereignisse, unter Einbeziehung des Kontextes und um neue Wege zu finden, damit umzugehen. Wesentliche Qualitäten sind Fehlerakzeptanz, die Fähigkeit, mit Fehlern umzugehen und aus ihnen zu lernen. »Östliche Achtsamkeitspraktiken«, also Achtsamkeitsmeditationen, ergänzen diesen Ansatz. Aber auch von MBSR inspirierte Ansätze von Achtsamkeitspraktiken werden in Organisationen umgesetzt (Reb, Allen u. Vogus, 2020).

8.2.2 Achtsamkeit und therapeutische Interventionen

Die bislang aufgeführten Methoden basieren auf Kursmodellen (acht Wochen oder kürzer), sind also zeitlich begrenzt und werden zumeist in Gruppen durchgeführt. In psychotherapeutischen Settings erscheint Achtsamkeit unter verschiedenen Aspekten. Die Therapeutin oder der Therapeut kann selbst Achtsamkeit praktizieren, und dies kann zur Vertiefung des therapeutischen Transformationsprozesses beitragen (Hick u. Bien, 2010). Präsenz durch Achtsamkeit kann überhaupt als Grundlage jeder gelingenden therapeutischen Beziehung betrachtet werden (Tichy, 2018). Aus Sicht der körperzentrierten Therapien wiederum kann Achtsamkeit als ein »allgemeines therapeutisches Wirkprinzip« gesehen werden (Klinkenberg, 2015, S. 262), ohne Bezug zu konkreten Achtsamkeitspraktiken.

Achtsamkeitsübungen können aber auch als Hilfe für Klienten in therapeutische Prozesse integriert werden. Hier wird unterschieden zwischen Achtsamkeit als zentralem Behandlungselement und Achtsamkeit als einer von mehreren Vorgehensweisen, wobei als achtsamkeitsbasierte Verfahren MBSR, MBCT, MBRP, DBT und ACT genannt werden (Berking, 2012). Doch ist die Terminologie nicht einheitlich. Man spricht etwa auch von achtsamkeitsinformierten Methoden (Heidenreich u. Michalak, 2009), von achtsamkeitsbasierten Interventionen oder achtsamkeitszentrierten Verfahren (Weiss, Harrer u. Dietz, 2010). Manchmal gilt auch nur MBSR als achtsamkeitsbasiert, andere Verfahren werden als achtsamkeitsassoziiert bezeichnet. Welche dieser Methoden als eigenständige Therapie gelten kann, hängt zudem von den jeweiligen nationalen Regelungen ab.

Zwei Verfahren, die Achtsamkeit als zentrales Element der Behandlung einsetzen, wurden zudem lange vor dem Mindfulness-Boom konzipiert.

DBT – Dialectical Behaviour Therapy: Marsha Linehan entwickelte bereits in den 1980er Jahren – ausgehend von der kognitiven Verhaltenstherapie und eigenen Erfahrungen mit Contemplative Prayer und Zen-Praxis – eine Therapie, in der Beziehungsarbeit und Erwerb von psychosozialen Fertigkeiten in Einzel- und Gruppensitzungen verbunden werden. Die Therapie ist vor allem für Suizidgefährdete, Personen mit Borderline-Persönlichkeitsstörung, bei Selbstverletzung, Substanzabhängigkeiten, Essstörungen, Depressionen und PTSD bestimmt. Achtsamkeit spielt in der DBT als »innere Fertigkeit« (als Fähigkeit, sich selbst zu spüren) eine wichtige Rolle und wird als meditative Praxis – mit Einflüssen aus der Zen-Tradition – in wöchentlichen Skill-Trainings mittels sehr kurzer und einfacher Übungen als eines der Module vermittelt. Weitere Module behandeln zwischenmenschliche Beziehungen, den Umgang mit Gefühlen, Stresstoleranz und Selbstwert.

ACT – Acceptance and Commitment Therapy (1999): Basierend auf der »Bezugrahmentheorie« von Stephen C. Hayes geht es um eine Reorganisation der kognitiven, sprachgebundenen Orientierung. Angeregt wurde Hayes durch eine der ersten Studien zu Meditation von Artur Deikman Anfang der 1960er Jahre (Evans, 2020, siehe Kapitel 4.2). Der aus dem Behaviourismus kommende Ansatz verbindet Akzeptanz, Achtsamkeit, die Erarbeitung und die Orientierung an eigenen persönlichen Werten. ACT richtet sich vor allem an Personen, die an Angst, Depression, Substanzabhängigkeit, chronischem Schmerz, Psychosen und den Folgen von Krebserkrankungen leiden. Achtsamkeit wird dabei als eine kognitive Fähigkeit verstanden, Meditation im engeren Sinn spielt eine untergeordnete Rolle. Patientinnen und Patienten lernen Techniken, die ihnen helfen sollen, die eigenen Gedanken gleichmütig zu betrachten, ohne sich mit ihnen zu identifizieren bzw. das Verhalten danach auszurichten. Unangenehme und schmerzhafte Gedanken sollen akzeptiert werden. Geübt wird, sich aus der Perspektive des »Selbst« dem gegenwärtigen Moment, dem »Hier und Jetzt« mit Offenheit und Neugier voll zuzuwenden. Das Selbst wird als beobachtende Instanz verstanden, die nicht von der Hier-und-Jetzt-Situation abhängig ist, sondern als »Kontext« grundlegender Akzeptanz fungiert.

8.3 Forschungsergebnisse zur Wirksamkeit von Achtsamkeit

In den Jahren nach der Veröffentlichung von Kabat-Zinns »Full Catastrophe Living« (1990) erschienen pro Jahr einige Dutzend Forschungsartikel zum Thema Achtsamkeit. Ab etwa 2000 stieg die Zahl der Veröffentlichungen exponentiell an, mittlerweile erscheint nahezu täglich ein Forschungsbericht. Auf der Seite der American Mindfulness Association[82] finden sich unzählige Einzeluntersuchungen zu medizinischer und psychologischer Forschung, ebenso im Online-Journal »Mindfulness« (Springer-Verlag) und auf den Websites verschiedener Forschungsinstitutionen.

Die bisherige Forschung legt nahe, dass Achtsamkeitsübungen die exekutiven Funktionen verbessern, also jene neurophysiologischen Funktionen, mit denen Menschen ihr Verhalten angesichts der sich verändernden Umwelt steuern. Achtsamkeitsübungen führen außerdem zu einer besseren Interozeption, also körperlichen Selbstwahrnehmung (Gibson, 2019), und dadurch zu einer verbesserten emotionalen Selbstregulierung (Zamariola, Frost, van Oost, Corneille u. Luminet, 2019). Eine bessere Regulierung von Emotionen trägt zu verbesserter Selbstfürsorge und Zufriedenheit bei (Valtl, 2021). Auch verbessert sich das Immunsystem und antiinflammatorische epigenetische Strukturen werden gefördert. Das gilt für Mind-Body-Therapien ganz allgemein (Muehsam et al., 2017; zur aktuellen Forschungslage Kaliman, 2019).

Die angewandten Methoden zur Erforschung der Wirksamkeit sind sehr unterschiedlich: Sie reichen von Fragebögen, wie sie in der Sozialforschung verwendet werden, bis zu ausgefeilten neurophysiologischen Forschungen, die mit bildgebenden Verfahren (z. B. funktioneller Magnetresonanztomografie, fMRT) arbeiten. Diese Diversität der Methoden macht Generalisierungen der Ergebnisse schwierig. Zudem gibt es keine allgemein akzeptierte Definition von Achtsam-

82 https://goamra.org (Zugriff am 24.11.2021).

keit. Metastudien zu MBSR und MBCT zeigen, dass unterschiedliche Konzepte von Achtsamkeit – Achtsamkeit als Prozess, als Methode oder als Ergebnis – verwendet werden, was zu unterschiedlichen Ergebnissen führt (Eberth u. Sedlmeier, 2012). Zudem sind an der buddhistischen Achtsamkeitspraxis, auf der die Übungen aufbauen, unterschiedlichste psychische Funktionen beteiligt (siehe Kapitel 5.3 und Kapitel 7), und nicht alle bisher festgestellten Wirkungen sind spezifisch für Achtsamkeitsübungen bzw. können nur durch diese Praktiken erzielt werden. Es kann daher zwar allgemein von einer Wirksamkeit von Achtsamkeitsübungen ausgegangen werden, doch gibt es eine Menge Forschungsbedarf.

8.3.1 Forschungen zu MBSR und MBCT

Auch wenn es keine standardisierte Definition von Achtsamkeit gibt, die Curricula der beiden verbreitetsten Anwendungen von Achtsamkeit, MBSR und MBCT, sind genau festgelegt und ihre Wirksamkeit gilt als gut durch Metastudien belegt.

Eine Metastudie von 2004 (Grossmann, Niemann, Schmidt u. Walach), in der 21 Einzelstudien ausgewertet wurden, fand, dass MBSR signifikant das allgemeine Wohlbefinden bei Gesunden wie bei Kranken steigert. 2011 kam eine Metastudie, in der insgesamt 72 Einzeluntersuchungen berücksichtigt wurden (Fjorback, Arendt, Oernbol, Fink u. Wallach, 2011) zu dem Schluss, dass MBSR als eine nützliche Methode zur Verbesserung der mentalen Gesundheit und zur Reduzierung der Symptome von Stress, Angst und Depression empfohlen werden kann. Darüber hinaus hilft MBSR, so die Studie, im persönlichen Umgang mit Krankheit *(medical disease management)* die Lebensqualität zu verbessern.

Studien zu MBCT zeigen, dass Mindfulness Based Cognitve Therapy besser als die übliche Versorgung von depressiven Patienten wirkt (Kuyken et al., 2008; Piet u. Hougaard, 2011). Eine neuere Metaanalyse zu MBCT (Kuyken et al., 2016) legt weiter nahe, dass MBCT für Patienten mit stärkeren depressiven Symptomen hilfreich als Rückfallprophylaxe wirkt.

Ähnliche Ergebnisse finden sich in der umfassenden Metastudie von Madhav Goyal und Kollegen (2014), die die Wirkung von Meditation für psychisch und physisch Kranke untersucht. Auch dabei zeigt sich, dass die größten Effekte von Achtsamkeitsmeditation bei Reduktion von Angst und negativen Emotionen auftreten, wobei diese Effekte bei Gesunden größer sind (Sedlmeier, 2016, S. 97). In der Metastudie wurde auch nach der psychotherapeutischen Wirkung von Meditation gefragt. Das Ergebnis: Meditation kann Psychotherapie zwar nicht ersetzen, wohl aber als Prophylaxe dienen.

Um die spezifischen Wirkungen von MBSR herauszufinden, müssen sehr spezifische Forschungsdesigns entwickelt werden. Eine Untersuchung an der University of Arizona (Jain, Shapiro, Swanick u. Schwartz, 2007) verglich eine Gruppe, die an einem MBSR-Kurs teilnahm, mit einer, die an einem Entspannungstraining mit Autogenem Training und Progressiver Muskelentspannung partizipierte, und einer Kontrollgruppe, der dieselben Fragebögen vorgelegt wurden wie den beiden anderen Gruppen. Das Ergebnis: Beide Trainingsgruppen empfanden weniger Stress als die Kontrollgruppe, hatten positivere Einstellungen und konnten besser mit negativen Gedanken umgehen. Bei den Teilnehmenden des MBSR-Kurses waren diese Effekte – und vor allem der verbesserte Umgang mit negativen Gedanken – deutlich höher (Sedlmeier, 2016, S. 34).

In einem anderen Versuch absolvierte eine Gruppe ein MBSR-Training und die Kontrollgruppe ein *Health Enhancement Program,* bestehend aus Musiktherapie, Entspannungs- und Bewegungsübungen plus Aufklärung über die Wirkung von Nahrung. Das Ergebnis: Die subjektiven psychologischen Wirkungen des *Health Enhancement Program* in puncto Stress, Angstgefühle und medizinischer Symptome waren ähnlich positiv wie beim MBSR-Programm. Bei der Bewertung anhand eines Fragebogens für die Messung von Achtsamkeit waren keine Unterschiede im Grad der Verbesserung festzustellen (Goleman u. Davidson, 2017, S. 72 f.). In einem weiteren Test (S. 170 f.) wurden sowohl Teilnehmende des MBSR-Kurses als auch solche des *Health Enhancement Program* dem sogenannten *Trier-Social-Stress-Test* unterzogen, in dem der Stresspegel in einer schwierigen sozialen Situation gemessen wird. Danach wurden persönliche Stresswerte abgefragt und auch Hormonausschüttungen (Cortisol, Zytokine, die Entzündungsprozesse hervorrufen) untersucht. Diese Werte waren bei beiden Gruppen gleich. Der Unterschied: Die Mitglieder der MBSR-Gruppe zeigten geringere Entzündungen auf der Haut und diese heilten schneller ab (S. 171).

Auch wenn die spezifischen Wirkungen von MBSR und MBCT noch nicht ausreichend erforscht sind, wurde inzwischen ausreichend gut belegt, dass beide Methoden bzw. Curricula hilfreich bei der Bewältigung von Angst und Stress bzw. bei der Prophylaxe von Depression sind (Fjorback et al., 2011).[83] Die Wirkung von MBCT bei Depressionen ist ungefähr gleich gut wie die Wirkung von Psychopharmaka. Ein wichtiger Unterschied zu Psychopharmaka liegt in der Eigentätigkeit, die notwendig ist, um die Übungssequenzen von MBCT auch wirklich durchzuführen.[84]

Neurophysiologisch betrachtet beruht die Wirksamkeit von Achtsamkeitsübungen auf der Neuroplastizität des Gehirns (Fuchs u. Flügge, 2014): Wiederholte Erfahrungen verändern dessen Struktur und Funktion, wie bereits der »Vater der Neurowissenschaften«, Santiago Ramón y Cajal (1852–1934), fand. Physische Traumata, aber auch schwierige psychosoziale Bedingungen, die als Stress erlebt werden, verändern das Gehirn. Auf der anderen Seite können durch körperliche und/oder mentale Übungen (wiederholte Erfahrungen – wie zum Beispiel Achtsamkeitspraktiken) Gehirn und Nervensystem verändert werden – *rewired,* »neu verdrahtet«, wie die Metapher lautet. Dabei kommt der Verstärkung der Verbindung zwischen dem Neocortex (den nur Menschen haben) und den evolutionsgeschichtlich älteren Teilen des Gehirns (dem Gehirnstamm, oft als »Reptiliengehirn« bezeichnet) und dem limbischen System (oft »Säugetiergehirn« genannt) große Bedeutung zu.

Die Studien der Neurowissenschaftlerin Britta Hölzel (Hölzel et al., 2011; Singleton, Hölzel, Vangel, Brach, Carmody u. Lazar, 2014) zeigten, dass sich bei den Teilnehmenden eines Acht-Wochen-MBSR-Kurses signifikante Veränderungen in der Hirnstruktur ergaben. In einer ersten Studie stellte sich heraus, dass die graue Gehirnsubstanz bei den Probanden in jenen Gehirnarealen zunahm, die für Lernprozesse, Gedächtnis, emotionale Reaktionen, Selbstbezug und das

83 Siehe auch den Leitfaden der Deutschen Gesellschaft für Psychiatrie, die MBSR bei Depression empfiehlt.

84 Dank an Helmut Renger für diesen Hinweis.

Einnehmen von Perspektiven zuständig sind (Hölzel et al., 2011). Eine spätere Studie verdeutlichte, dass diese Veränderungen in der grauen Gehirnsubstanz mit psychologischem Sich-Wohlfühlen korrelieren (Singleton et Al., 2014). Die Korrelation neurophysiologischer und psychologischer Befunde kann als Bestätigung der Wirksamkeit von MBSR aufgefasst werden.

Es sind jedoch nicht alle Personen gleichermaßen in der Lage, MBSR zu üben, wie die Metastudien von Fjorback et al. (2011) und Fjorback und Wallach (2012) kritisch anmerken. Positive Ergebnisse sind individuell, so die Autoren. Vorausgesetzt sei nämlich, dass die betreffenden Personen überhaupt Interesse und auch die Fähigkeit haben, an einem Achtsamkeitsprogramm (MBSR oder MBCT), das auch eigenes Üben erfordert, teilzunehmen.

Achtsamkeitsübungen werden sowohl als Meditationspraxis wie auch als Methode zur Stressreduktion (MBSR) angeboten. Nach der Studie von Eberth und Sedlmeier (2012) ist die gemessene Wirksamkeit der Achtsamkeitsmeditation bei MBSR-Achtsamkeitskursen signifikant höher. Dies kann möglicherweise daran liegen, dass sich bei Menschen, die keine Erfahrung mit Meditation haben, größere Zustandsveränderungen zeigen als bei erfahrenen Meditierenden. Auch wird in MBSR-Kursen viel Gewicht auf Psychoedukation gelegt, was bei klassischen Meditationssettings nicht der Fall ist. Forschungsergebnisse scheinen, so Eberth und Sedlmeier (2012), auch abhängig zu sein von der Motivation für die Übung, ob Achtsamkeit als eine trainierbare Fähigkeit oder als Lebenshaltung gesehen wird.

Untersuchungen zur Wirkung der einzelnen Faktoren des MBSR-Curriculums gibt es nur wenige. Für einen Vergleich von Bodyscan, Atemmeditation und Liebende-Güte-Meditation untersuchten Kropp und Sedlmeier (2019) den Übungseffekt bei Studierenden ohne Erfahrung mit Meditation. Der Bodyscan brachte die höchsten Werte für achtsame Akzeptanz und Zufriedenheit mit dem Leben, jedoch wenig Präsenz. Liebende-Güte-Meditation und Bodyscan brachten höhere Werte für Konzentration als Atemachtsamkeit. Der Bodyscan war in dieser Untersuchung effektiver für Selbstmitgefühl als die Liebende-Güte-Meditation. Eine andere Untersuchung zeigt, dass der Bodyscan zu einer Verbesserung des Körperbewusstseins führt, jedoch nicht zu Entspannung (Sedlmeier, 2016). Carmody und Baer

(2008) zeigen, dass zum Abbau von Stress am wirkungsvollsten achtsame Bewegung ist, also etwa achtsames Yoga, auf das bei einem MBSR-Kurs großes Augenmerk gelegt wird. Dies legt aber im Umkehrschluss nahe, dass jene, die vor allem und nur Entspannung suchen, wahrscheinlich besser mit Sport und konventionellen Entspannungstechniken bedient sind als mit Achtsamkeitsmeditation.

Das Konzept der Neuroplastizität – dass sich Gehirnstrukturen durch Aktivitäten ändern – impliziert, dass die Dauer der Achtsamkeitspraxis ein wesentlicher Wirkfaktor ist. In der neueren Forschung unterscheidet man daher zwischen »Zustand« (englisch *state*) – Veränderungen, deren Dauer nicht untersucht wird – und »Merkmal« (englisch *trait*), dauerhaften Veränderungen, die durch entsprechendes Training hervorgerufen werden können. Bei einem MBSR- oder MBCT-Kurs kommen Teilnehmende auf rund 60 Stunden Übungszeit, wenn sie die vorgegebenen täglichen Übungen wirklich einhalten. Bei Meditierenden, die nicht Teil von monastischen Institutionen sind, aber mit einer langen und intensiven Praxis – um die 9.000 Stunden und mehr – fiel beim Trier-Test, dem fingierten Einstellungsgespräch, der Cortisolanstieg deutlich niedriger aus als bei Teilnehmenden eines MBSR-Kurses mit ca. 60 Übungsstunden. Den lange und intensiv übenden Probanden wurden außerdem verstörende Bilder von leidenden Menschen, etwa Brandopfern, präsentiert. Der Gehirnscan zeigte, dass diese Personen weniger leicht von Emotionen mitgerissen wurden (Goleman u. Davidson, 2017, S. 95–97). Eine Langzeitstudie der Wirkungen von Meditationspraxis strebt das Shamata-Projekt an (https://shamataproject.org, Saron 2013).

Tibetische Mönche, die sich zu jahrelangen Retreats zurückziehen, akkumulieren im Laufe der Zeit um die 40.000 Übungsstunden. Bei jenen Mönchen, die sich zu Versuchen zur Verfügung stellten, war der Zustand, der bei weniger oder kaum Geübten nur während der Meditation eintritt, eine Hintergrundkonstante bei allen Tätigkeiten (Goleman u. Davidson, 2017, S. 255). Man könnte mit einiger Berechtigung von »spirituellen oder religiösen Virtuosen« sprechen.

8.3.2 Verschiedene Übungen bewirken Verschiedenes

Unterschiedliche Formen von Achtsamkeitsmeditation haben unterschiedliche Wirkungen (siehe oben die Untersuchungen zu verschiedenen Faktoren von MBSR, 8.3.1). Je nach Ausrichtung der Übung waren im MRT unterschiedliche Gehirnregionen aktiv (Fox et al., 2014; Sedlmeier, 2016, S. 111). »Fokussierte Aufmerksamkeit« aktivierte Gehirnregionen, die mit kognitiver Kontrolle und willentlicher Regulierung der Aufmerksamkeit zu tun haben, und verminderte die Aktivierung jener Region, die für das Wandern von Gedanken zuständig ist. »Offenes Gewahrsein« aktivierte Bereiche, die mit der willentlichen Regulierung von Gedanken und Handlungen verbunden sind, und verminderte die Aktivierung der Region, die mit Gedanken über sich selbst korreliert wird. Bei der Liebende-Güte-Meditation waren Regionen aktiv, die mit dem Bewusstsein von körperlichen Empfindungen und Gefühlen zusammenhängen. Bei Mantrameditation – wobei bestimmte Formeln immer wieder wiederholt werden – zeigte die MRT, dass Bereiche aktiviert wurden, die für das Planen und Ausführen willentlicher motorischer Aktivitäten und für visuelle Verarbeitung und Vorstellungsvermögen zuständig sind. Trotz der Unterschiede zeichnete sich bei allen Meditationsarten ein ähnliches Muster ab: Die Insula wurde aktiviert und als Korrelat Körperkontrolle, Atembewusstsein und Metakognition (Beobachtung und Reflexion des eigenen Denkens).

In einer Langzeitstudie – dem ReSource-Projekt[85] – untersuchte Tania Singer 2013 bis 2016 Achtsamkeit, Mitgefühl und Metakognition in je drei aufeinander aufbauenden Modulen, die insgesamt sechs Monate dauerten. Dazu heißt es: »Einmal in der Woche üben Sie in der Gruppe gemeinsam mit anderen, tauschen sich über Glücksmomente und Tiefpunkte aus und bekommen neue, wertvolle Anregungen, wie Sie das Gelernte ganz praktisch anwenden können, in der U-Bahn, während einer Konferenz, mitten in einem Streit.«[86] Jedes Modul begann mit einem dreitägigen Schweige-Retreat, darauf folgten acht modulspezifische Übungswochen mit einer Doppelstunde pro Woche in der Gruppe und täglich 30 Minuten eigenständiger Übung. 300 Deutsche zwischen 22 und 50 Jahren nahmen daran teil. Das Set der Übungen bestand aus einer Vielzahl von – aus buddhistischen Traditionen abgeleiteten, säkularisierten – Meditatio-

85 www.resource-project.org (Zugriff am 02.04.2022).
86 www.resource-project.org (Zugriff am 25.11.2021).

nen, außerdem aus psychologischen Übungen. Die Teilnehmenden durchliefen die Module in unterschiedlicher Ordnung, sodass die Wirkung differenziert verfolgt werden konnte.

Das erste Modul, *Presence,* trainierte Achtsamkeit und Gewahrsein des Körperinneren mit Bodyscan, Achtsamkeit auf Atem und Eindrücke des Seh- und Hörsinnes. Im zweiten Modul, *Affekt,* wurden positive soziale Emotionen geübt, mit Liebende-Güte-Meditation und Partnerübungen, in denen sich die Teilnehmenden über Gefühle und Körperwahrnehmungen austauschten und empathisches Zuhören übten. Das dritte Modul, *Perspektive,* konzentrierte sich auf metakognitive Fähigkeiten, nämlich eine Perspektive auf eigene Persönlichkeitsanteile zu bekommen, und die Perspektive der oder des anderen zu übernehmen.

Die Veränderungen wurden nach jedem Modul mit Hilfe von 90 Fragebögen, Verhaltenstests sowie der Untersuchung hormonaler Marker und Gehirnscans analysiert. Das Ergebnis: Sowohl klassische Achtsamkeitspraxis als auch die Liebende-Güte-Meditation (also eine sozial-emotionale Übung) führten zu verbesserter Aufmerksamkeitsleistung. Achtsamkeitspraxis bewirkte jedoch nicht mehr Mitgefühl, wohl aber die Liebende-Güte-Übung. Das Perspektivmodul brachte den Teilnehmenden eine verbesserte *theory of mind,* also besseres Verständnis für andere, aber auch verbessertes Selbstverständnis. Ein intensiveres Körpergewahrsein zeigte sich erst nach etwa sechs Monaten Übung.

Die Gehirnscans zeigten Veränderungen in den entsprechenden Gehirnregionen. Bei Tests zum sozialen Stress ergab sich, dass nur nach den beiden Modulen mit sozial-emotionalem Fokus die Cortisolausschüttung in sozialen Stresssituationen deutlich niedriger war. Doch sagten auch die Teilnehmenden des Präsenzmoduls, dass sie sich weniger gestresst gefühlt haben.

8.4 Wie aussagekräftig sind die Forschungsergebnisse?

Eines der Kriterien für die Aussagekraft naturwissenschaftlicher Experimente ist ihre Reproduzierbarkeit. Doch zeigte der US-amerikanische Epidemiologe Ioannidis 2005, dass nur ein Bruchteil der Experimente im Bereich Biologie, Medizin und Pharmazie mit denselben Ergebnissen wiederholt werden konnte, obwohl die Experimente in Peer-Review-Zeitschriften publiziert worden waren.[87] Die »Reproduzierbarkeitskrise« betrifft auch Psychologie und Soziologie – und daher auch Untersuchungen zu Achtsamkeit.[88] Allerdings sind Ergebnisse nicht schon deswegen unbrauchbar, weil ein Experiment nicht wiederholt werden kann. Gerade bei psychologischen Untersuchungen kann auch ein einmaliges Ergebnis erhellend sein, wie die Deutsche Forschungsgesellschaft 2017 in einem Papier zur Reproduzierbarkeitskrise festhält.[89]

Das Autorenduo Daniel Goleman und Richard Davidson – der eine Psychologe, renommierter Wissenschaftsjournalist und Autor von »Emotionale Intelligenz« (2002), der andere einer der profilierten Forscher in Sachen Neuropsychologie und Meditation – zweifelt mittlerweile aus anderen Gründen die Verlässlichkeit vieler Studien zu Achtsamkeit an, selbst dann, wenn sie nach einem Peer-Review-Verfahren publiziert wurden, da einheitliche Beurteilungskriterien fehlen. Etwa entsprachen von 231 Studien zur Liebende-Güte-Meditation nur 37 Arbeiten den Anforderungen an ein strenges experimentelles Design, waren also beispielsweise Doppelblindstudien (Goleman u. Davidson, 2017, S. 79).

Kritisch äußern sich auch drei der prominentesten Neurowissenschaftlerinnen in der National Review of Neuroscience im Frühjahr 2018 über die Achtsamkeitsforschung: Die Ergebnisse der Forschung seien trivial, denn »die zugrundeliegenden neuralen Mechanismen sind weiterhin unklar« (Tang, Hölzl u. Posner, 2018), mit anderen Worten, die Ergebnisse erklären nicht, wie die Wirkungen zustande kommen.

Die technischen Möglichkeiten der fMRT erlauben, durch bildgebende Verfahren die Wirkung von Meditationspraxis zu zeigen. Damit kann eine Relation zwischen Übung und physiologischer

87 https://www.laborjournal.de/blog/?p=9757 (Zugriff am 25.11.2021).

88 Ein wesentlicher Faktor dieses Problems ist der gegenwärtige Wissenschaftsbetrieb, in dem meist jene Karriere machen, die möglichst viele Publikationen in »Peer-reviewed«-Journalen, und zwar in möglichst prestigeträchtigen, haben.

89 https://www.dfg.de/foerderung/info_wissenschaft/2017/info_wissenschaft_17_18/index.html (Zugriff am 25.11.2021).

Veränderung belegt werden. Doch ist das noch keine kausale Beziehung: Zum Beispiel könnten Leute eine bestimmte Meditationsform gewählt haben, weil es ihren persönlichen Voraussetzungen entspricht – sie sind beispielsweise weniger schmerzempfindlich, sodass eine Untersuchung der Auswirkung von Meditationspraxis auf die Wahrnehmung von Schmerz keine signifikaten Ergebnisse bringt (Goleman u. Davidson, 2017, Sedlmeier, 2016, S. 91).

Die Bilder, die die fMRT liefert, scheinen einen Blick ins »arbeitende Gehirn« zu ermöglichen. Es handelt sich bei diesen Bildern um Simulationen – sie sind das Ergebnis von statistischen Berechnungen aus einer Fülle von Einzelaufnahmen. Bildgebende Verfahren zeigen also keine »Abbilder« von Zuständen des Gehirns, sondern bildhafte Umsetzungen von Ergebnissen statistischer Verfahren. Die Einzelaufnahmen erfassen Gewebeausschnitte von 1–3 mm^3, die jeweils Millionen von Neuronen enthalten. Es werden dabei immer nur einzelne Ausschnitte erfasst, aber dies in einer – technisch gesprochen – groben Auflösung. David Lewis (Center for Trauma and Contemplative Practice and Justice Resources Institute) vergleicht die Aussagekraft bildgebender Verfahren mit Aufnahmen von Lower Manhattan aus einem tieffliegenden Flugzeug. Man sieht die Bewegungen von Autos und Menschen zu verschiedenen Tageszeiten, und man kann eine ungefähre Idee von der Situation bekommen. Doch wie etwa die Wirtschaft oder die Theater in Manhattan arbeiten, lässt sich bestenfalls erraten (Purser, 2019, S. 125). Ein Blick aus dem Flugzeug reicht dazu nicht.

Die Bilder aus dem fMRI suggerieren zudem, dass sich Veränderungen im Gehirn durch Achtsamkeitsübungen nur auf bestimmte Gehirnregionen beschränken. Doch ist immer das gesamte Gehirn und der ganze Körper beteiligt, wie der Philosoph Evan Thompson (Varela, Thompson u. Rosch, 2016) nachdrücklich im Vorwort der Neuausgabe des Klassikers »Embodied Mind« (1991) betont. Untersuchungen zeigen zudem, dass es keine eindeutigen Entsprechungen zwischen bestimmten Gehirnregionen und bestimmten Aktivitäten gibt (Anderson, Kinnison u. Pessoa, 2013).

Ein weiteres methodisches Problem, das die Meditationsforschung seit den Anfängen in den 1980er Jahren betrifft, ist der Mangel an kulturwissenschaftlichen und religionswissenschaftlichen Bezügen und Kenntnissen. Die Unkenntnis der Versuchsleiterinnen bzw. -designer über die Unterschiede zwischen den verschiedenen Methoden, die unter »Meditation« subsumiert werden, führt zu generalisierten Aussagen, mit denen nur belegt werden kann, dass diese Übungen zu psychosomatischen Veränderungen führen. Unkenntnis der kulturellen und religiösen Kontexte führte und führt auch zur Vernachlässigung der Voraussetzungen der Probanden. Etwa können die Ergebnisse einer Untersuchung von vorhergehender Meditationspraxis der Teilnehmenden beeinflusst werden. Bei Probanden ohne vorhergehende Erfahrung können sich rascher Veränderungen abzeichnen als bei Personen mit längerer Erfahrung. Umgekehrt zeigen sich bei Personen mit langer Meditationserfahrung anhaltende Wirkungen *(traits)*, die sich bei Anfängern nicht finden lassen. Dass die in der Forschung zu Achtsamkeit verwendeten standardisierten Fragebögen in den Items enorm differieren[90] und die Ergebnisse daher nicht kompatibel sind, hängt ebenfalls mit dem Ausblenden kultur- und religionswissenschaftlicher Forschungsergebnisse zusammen.

Dass unterschiedliche statistische Methoden unterschiedliche Ergebnisse liefern, und das erwartete Ergebnis unter Umständen die Methode bestimmt[91], gehört genauso in das Feld der kognitiven Verzerrungen wie Unbedachtheiten – wenn etwa bei Untersuchungen zur Wirkung von Achtsamkeit die Person, die die Studie leitet, zugleich auch die Leiterin des Kurses ist (Abrahams, 2018). Neben diesem *Pygmalion-Effekt* kann auch der *Hawthorne-Effekt* eine Rolle spielen: Erwartungshaltungen der Teilnehmenden können etwa das Ergebnis von Fragebögen beeinträchtigen. Kritisch hält die Metastudie von Fjorback und Kollegen (2011) fest, dass Kontrollgruppen bei Untersuchungen mit Fragebögen zur Wirkung von Achtsamkeit oft fehlen, ebenso wie auch Langzeitstudien. Damit können genau genommen nur anekdotische Aussagen über die Wirksamkeit von Achtsamkeit getroffen werden.

90 Eine Zusammenfassung findet sich auf https://www.achtsamleben.at/forschung/messung/ (Zugriff am 25.11.2021).

91 http://www.laborjournal-archiv.de/epaper/LJ_14_03/index.html#20/z

Oft ist auch das Sample beschränkt: Die meisten Probanden von psychologischen und sozialwissenschaftlichen Studien und daher auch von Achtsamkeitsstudien sind WEIRD – Western, Educated, Industrialized, Rich and from Democratic cultures (Henrich, 2010, S. 65). So wird bei Untersuchungen der Wirkung von Achtsamkeit im schulischen Kontext oft nicht ausreichend auf die soziale und ethnische Vielfalt des Samples geachtet oder es fehlen Angaben dazu. Interessenkonflikte können dazu führen, nur signifikante, »positive« Resultate zu publizieren, wodurch das Gesamtbild verzerrt ist. Selten thematisiert wird auch das Erkenntnisinteresse, das einer Studie zugrunde liegt. In den 1980er Jahren versuchte zum Beispiel der eine oder andere Meditationslehrer Studien zur Wirksamkeit von Meditation zu initiieren, die dem besseren Marketing seiner Person oder Meditationsmethode dienen sollten (Goleman u. Davidson, 2017, S. 65).

Betrachtet man den »Achtsamkeitsmarkt« – Apps, Bücher, Kursangebote usw. –, muss man jedenfalls feststellen, dass der Enthusiasmus in der Öffentlichkeit die wissenschaftliche Evidenz überholt, wie die Neuropsychologin Willioughby Britton feststellt, die an der Brown University forscht (Purser, 2019, S. 13). Manche sprechen sogar von einem »Neurohype« (Lilienfeld, Aslinger, Marshall u. Satel, 2018). Lakonisch merkte Thupten Jinpa, Übersetzer des Dalai Lama und Mitglied des wissenschaftlichen Beirats des Mind and Life Institute, einer der führenden Institutionen für neurowissenschaftliche Erforschung von Meditation, in einem Interview an: »at this point the scientific study of meditation and its effects is very rudimentary.« Naturwissenschaft, so Thupten Jinpa, ist eine bestimmte methodische Herangehensweise an die Wirklichkeit und unterscheidet sich von Methoden der Selbstkultivierung (siehe Kapitel 5 und 7). Naturwissenschaft kann nicht alles erfassen, was wirklich ist, sagt Thupten Jinpa: »If you believe that anything that is knowable, anything that is real, has to somehow come under the scope of science, then of course you have conflict. But if your understanding of science is that science is a particular way of doing things – a particular way of knowing that includes a particular methodology – then some aspects of reality may fall into this category and some aspects may not« (Heuman, 2014).

9 Interkulturelle Differenzen: Sati oder Mindfulness?

Kontext und Motivation beeinflussen die Übung und das Verständnis von Achtsamkeit, wie die empirischen Untersuchungen zeigen. Dass es daher auch interkulturelle Unterschiede gibt zwischen Übenden in den Industriestaaten des Nordens und Übenden in klassischen Theravada-Ländern, ist naheliegend. Dies wird durch die qualitative Forschung der Ethnologin J. L. Cassaniti (2018) in Thailand, Myanmar, Sri Lanka und den USA belegt. Sie benutzte Fragebögen, qualitative Interviews und war als teilnehmende Beobachterin bei Retreats, in verschiedenen Klöstern sowie in psychiatrischen Kliniken in den Theravada-Ländern. In den USA interviewte sie Menschen, die schon länger Achtsamkeit üben.

Ihre Recherchen machen nochmals deutlich, dass es »den« Buddhismus nicht gibt und Formen wie Interpretationen von Achtsamkeitspraxis von Kloster zu Kloster variieren. In asiatischen Gesellschaften soll der Buddhismus nach der Beobachtung von Geoffrey Samuels (1995) zudem vielfach pragmatische Wünsche erfüllen, etwa Übel und böse Geister abwehren, wozu von Mönchen angefertigte Amulette oder die Rezitation von Sutren dienen sollen. Viele Laien bemühen sich um karmische Verdienste, die zu einem guten Leben jetzt und in den kommenden Wiedergeburten verhelfen sollen. Wer ethisch gut handelt, Sutren selbst rezitiert oder durch Mönche rezitieren lässt bzw. Rituale vollzieht, die oder der erhält karmische Verdienste. Auch Meditationspraxis und kürzere oder längere Aufenthalte im Kloster bringen karmische Verdienste. Nur bei der monastischen Elite, also einer relativ kleinen Gruppe, dominiert der Wunsch nach Nirwana, nach Erwachen. Doch haben asiatische buddhistische Laien mehr mit Mönchen gemeinsam als mit Meditierenden aus den Industriestaaten. Cassaniti (2018) fand fünf Kategorien von Unterschieden zwischen Achtsamkeit, wie sie in Thailand,

Myanmar und Sri Lanka praktiziert wird, und Achtsamkeit in den USA, nämlich Zeitvorstellungen, Umgang mit Emotionen, Stärke (»Power«), Ethik und Selbstkonzepte.

9.1 Zeit

In jedem Achtsamkeitskontext wird Achtsamkeit auf den Atem geübt – doch die Dauer der Übung ist sehr unterschiedlich. Beim US-amerikanischen Militär werden vor Beginn des soldatischen Trainings fünf Minuten Atemachtsamkeit geübt. In klassischen Theravada-buddhistischen Achtsamkeits-Retreats wird Achtsamkeit auf den Atem über zehn oder mehr Tage hinweg geübt. Das MBSR-Curriculum empfiehlt, täglich etwa 45 Minuten zu üben, usw. Neurowissenschaftliche Untersuchungen stellen fest, dass die Dauer der Übung und die erwünschten Veränderungen in einem proportionalen Verhältnis zueinander stehen: Je mehr Übungszeit, desto eher entsteht ein Habitus und desto signifikanter sind die Veränderungen im Gehirn (Goleman u. Davidson, 2017).

Ein markanter Unterschied zwischen südostasiatischen und nordamerikanischen Übenden betrifft das Verständnis von Zeit. Die grundlegende Anweisung für Achtsamkeitsübungen lautet, präsent im Augenblick zu sein. Ein »Augenblick« ist jedoch kein Zeitmaß, sondern erlebte Zeit (Baatz, 2022a). Und Zeitwahrnehmung ist zunächst persönlich und dann auch kulturell: Was als schnell und langsam, als Dauer und Veränderung erfahren wird, ist durch persönliche Befindlichkeiten und durch gesellschaftliche Lernprozesse bestimmt. Etwa ist das »normale« Gehtempo in Industriestaaten deutlich rascher als in Schwellenländern (Levine, 2011).

Für das alltägliche Zeitverständnis der Industriegesellschaften besteht Zeit aus Stunden, Minuten, Sekunden, Zehntelsekunden usw., die mit Hilfe von geeigneten Apparaten (Uhren) gemessen werden können. Seit Newton wird die Zeit – und auch der Raum – aus naturwissenschaftlicher Perspektive als eine Art Behälter beschrieben, in dem Ereignisse stattfinden. Zeit und Raum sind – so Immanuel Kant – Bedingungen bzw. Kategorien a priori, die jeder Wahrnehmung vorausgehen müssen. Zeit wird des Weiteren als eine lineare Folge von diskreten qualitätslosen Momenten beschrieben.[92] Zur Illustration: »Ein Augenblick Zeit« ist eine Installation des Künstlers Hofstetter Kurt, die 1994 bis 2009 in der Haupthalle des ehemaligen Wiener Südbahnhofs hing. Sie bestand aus zwei gegeneinander verschobenen stählernen Halbkugeln, in denen sich jeweils ein Bildschirm mit einem sich öffnenden und schließenden Auge befand. Die Installation hing über der Rolltreppe zu den Gleisen, und mit jedem Öffnen und Schließen der Augen hörte man lautes Ticken wie von einem Wecker. Während man mit der Rolltreppe hinauffuhr, konnte man zusehen, wie die Zeit Augenblick für Augenblick wegtickte, die Uhrzeit, die jeden Moment nivelliert und qualitätslos macht.

Die Vorstellung von Zeit als gerichtetem Zeitpfeil und zugleich als Abfolge von inhaltsleeren Jetzt-Momenten ist eine gesellschaftlich mächtige Vorstellung, die vielen Prozessen in den Industriegesellschaften zugrunde liegt. Wenn Achtsamkeit hier als ein »Im-gegenwärtigen-Augenblick-Sein« bestimmt wird, dann stellt dieser als qualitätslos vorgestellte Augenblick den Rahmen oder Behälter für das dar, was erfahren wird. So erzählen US-amerikanische Studierende, die Achtsamkeit üben, in Interviews, dass sie die Zeit als gleichmäßig verlaufenden, stabilen Fluss und zugleich als momenthaft erfahren (Cassaniti, 2018, S. 237).

Aus buddhistischer Sicht ist Zeit vor allem durch die Vergänglichkeit aller Erscheinungen gekennzeichnet. Die Kommentarwerke zum Pali-Kanon beschreiben Zeit als aufeinanderfolgende momentane Wahrnehmungsereignisse (Pali *dhamma*), die einander bedingen – also als Folge von Sinneserfahrungen und Gedanken (das Fassen von Gedanken gilt im Buddhismus als eine Form der Sinneswahrnehmung). Über die Dauer dieser Momente (Sanskrit *dharma*) gibt es verschiedenste Annahmen: Wenn etwa ein Mensch mit den Fingern schnalzt, entspräche das 64 Momentereignissen; andere meinen, im Aufleuchten eines Blitzes wären Milliarden Momente enthalten. Auch bestehen unterschiedliche Auffassungen darüber, ob

92 Kritik dieses Zeitverständnisses findet sich unter anderem bei Bergson in »Zeit und Freiheit« (1889; dt. 1911), bei Husserl in den »Ideen zu einer reinen Phänomenologie« (1913/2002) und bei Martin Heidegger in dessen Vorlesungen.

diese *dharma* nur im Augenblick auftreten oder ob es auch vergangene und zukünftige *dharma* gibt. Zeit wird zumeist nicht als etwas gesehen, das diesen momenthaften Erfahrungen äußerlich wäre wie ein Behälter. Zeit entsteht aus den Relationen zwischen diesen momenthaften Erfahrungen: »[T]ime is itself but an inherent aspect of the manifold patterns of causal conditioning by which physical and mental events interrelate; it is an event-constituted, inherent feature of the structural operation of psycho-physical events« (Ronkin, 2005, S. 67). Auch psychische Prozesse – wie zum Beispiel Begehren, Hass, Freude usw. – erscheinen dementsprechend als Aufeinanderfolge von Momenten, die einander bedingen und ohne eigenständige Existenz sind. Erfahrungen, emotionale oder Denkprozesse finden demnach nicht in der Zeit statt, sondern Zeit entsteht vermittels dieser Erfahrungen.

Sati bedeutet »Geistesgegenwart«, aber auch »Erinnerung« und »Weisheit«[93]. Geistesgegenwärtig zu sein impliziert ein aus vergangenen Erfahrungen erworbenes Wissen als Referenz, das – geistesgegenwärtig – in einer konkreten Situation mit Blick auf die zu erwartende Zukunft für die Gegenwart fruchtbar gemacht wird. Die buddhistischen Gesprächspartnerinnen von Cassaniti – Laien wie Mönche – stellten übereinstimmend fest, dass *sati* sich auf den gegenwärtigen Augenblick beziehe, aber zugleich beinhalte, von vergangenen Erfahrungen zu lernen und die gegenwärtigen Erfahrungen zu verstehen. Metaphorisch wird der wandernde Geist »wie ein Büffel an den Pfosten« gebunden (Cassaniti, 2018, S. 54). Damit verbunden ist die Vorstellung, nicht nur vergangene Ereignisse, sondern auch vergangene Leben und eventuell auch zukünftige in der Gegenwart achtsam wahrnehmen zu können (S. 109).

9.2 Emotionen

Als angenehm, unangenehm oder neutral bewerten Lebewesen ihre körperlichen Empfindungen. Menschen reagieren auf Empfindungen emotional, sie haben Angst, sie freuen sich, schämen sich, sind

93 Zur Diskussion dieser Frage siehe unter anderem Anālayo (2018) und Levman (2018).

zornig, ekeln sich usw.[94] Emotionen sind anthropologische Konstanten, doch der Umgang mit Emotionen wird kulturell erlernt und geformt (Kappelhoff, Bakels, Lehmann u. Schmitt, 2019). In allen Arten von Achtsamkeitspraxis geht es um die achtsame Wahrnehmung von und den achtsamen Umgang mit Emotionen, mit dem Ziel, zu einer Beruhigung von Körper und Geist zu gelangen. Emotionen sind mit physiologischen Mustern verbunden, und Achtsamkeit auf Atem und Körper ist immer unter anderem auch mit Achtsamkeit auf Emotionen verbunden – und mit der Erwartung, die Emotionen zu regulieren.

Wie die Arbeit von Cassaniti (2018) ebenso wie die Literaturrecherche von Wilson (2014) zeigen, sind die Erwartungen an Achtsamkeitsübungen in den USA (und auch in Europa, sei ergänzt) vorwiegend mit Entspannung und Erholung verbunden – und auch mit der Erwartung, glücklich zu werden oder zu sein. Unterstützt werden diese Erwartungen, wenn etwa der Dalai Lama die buddhistische Praxis als »Die Regeln des Glücks« (Dalai Lama u. Cutler, 1999; engl. »The Art of Happiness«, 1998) bezeichnet. Weiter lässt sich ein »positives Denken« feststellen, nämlich die Annahme, dass durch die Übung negative Emotionen und Gedanken allmählich verschwinden und stattdessen nur positive Emotionen und Gedanken auftreten. Eine weitere häufig zu findende Annahme besagt, dass mit Hilfe von Achtsamkeitsübungen Emotionen und damit verbundene Gedanken kontrolliert werden können (Cassaniti, 2018, S. 238 f.). *Military mindfulness* zielt sogar explizit auf die Ausschaltung emotionaler Reaktivität: »Mindfulness is full attention to the present moment without elaboration, judgment, or emotional reactivity«.[95]

Zeitgenössische »westliche« Theorien der Psychodynamik, aber auch der Populärpsychologie nehmen an, dass Emotionen Menschen irgendwie »zustoßen«, man für sie offen sein soll und mit ihnen umgehen muss – sie unterdrücken, ausdrücken, transformieren etc. Bei ihren thailändischen, burmesischen und singhalesischen Interviewpartnerinnen nahm Cassaniti jedoch einen anderen Umgang mit Emotionen wahr. In der Achtsamkeitspraxis im asiatischen Thera-

94 Auch Tiere haben Emotionen (de Waal u. Hornung, 2020).
95 www.militarymindfulness.org; siehe Kapitel 7.3.1.

vada geht es um die *Konstruktion* von Emotionen und darum, voll ausgeformte Emotionen zu managen und zu regulieren (Cassaniti, 2018, S. 239). Starke Emotionen gelten als Zeichen mangelnder Achtsamkeit (S. 190). Statt an positiven oder negativen Emotionen anzuhaften, geht es um die Vermeidung eines »negative clinging of emotional states« (S. 106). Dazu verhilft auch die Wahrnehmung der Vergänglichkeit – etwa ist der Stich eines Insekts sehr unangenehm, doch die Einsicht, dass die unangenehme Empfindung vergehen wird, lässt die unangenehme Emotion leichter abklingen. Achtsamkeit auf den Atem hilft, die Empfindung von der Emotion zu trennen (S. 107) und etwa einen wegen des Insektenstichs aufkommenden Ärger nicht groß werden zu lassen.

Gemäß buddhistischer Theorie werden Sinneswahrnehmungen als angenehm, unangenehm oder neutral erfahren. Aus diesen Empfindungen entstehen durch ein Wechselspiel von Beurteilung und Anhaften Emotionen – man möchte etwas Angenehmes wiederhaben oder Unangenehmes vermeiden etc. Latente oder auch manifeste Neigungen *(anusaya)*, die zum Habitus einer Person gehören, unterstützen diese Tendenzen. Zu Anhaften *(upādāna)* führt etwa die Neigung zu sinnlichem Begehren, zu Gehässigkeit oder auch die Neigung, die Welt auf eine bestimmte Weise zu sehen (ist das Glas halb voll oder halbleer?), ebenso dünkelhafter Stolz, »Daseinstrieb« und Unwissenheit *(avidya)*. Achtsamkeitspraxis hilft, diese Neigungen wahrzunehmen und den Konnex zwischen Empfindung und Emotion und damit das Anhaften zu unterbrechen. Damit können sich die Vier himmlischen Verweilzustände *(brahmavihāra)*, nämlich Gelassenheit, Mitfreude, Mitgefühl und liebevolle Güte, entfalten.

9.3 *Power:* Energie und Stärke

In der nordatlantischen Sphäre geht es beim Thema Achtsamkeit sehr oft einfach darum, mit dem alltäglichen Stress besser fertigzuwerden, mehr (Lebens-)Energie und Lebensfreude zu haben, trotz starker gesellschaftlicher Anforderungen. Persönliche Energie und Effizienz sollen mindestens erhalten oder besser noch gesteigert werden, noch ungenutztes Potenzial soll durch Achtsamkeit entwickelt werden. »Durch die regelmäßige Kultivierung von Meditation, Achtsamkeits- und/oder Mitgefühlspraxis können wir genau dieses, unser eigenes Potenzial entdecken und entfalten. Jeder Einzelne kann somit einen Teil zur Entwicklung einer Potenzialentfaltungsgesellschaft beitragen«, heißt es etwa auf einer Website.[96] Achtsamkeit soll zu mehr Selbstkontrolle und Selbstregulation verhelfen. Es sei ein »Muskel, der trainiert werden muss«, sagte einer der amerikanischen Interviewpartner von Cassaniti (2018, S. 240).

Um Selbstregulation und Selbstkontrolle geht es auch in der Achtsamkeitspraxis des Theravada in Südasien, jedoch ist ein anderes Ergebnis erwünscht. Es heißt, dass Achtsamkeitsübungen dazu verhelfen, gutes Verhalten, gute Rede und gute Gedanken zu entwickeln und dadurch gutes Karma zu erwerben. *Sati* fungiert zudem als eine Art Gewissen: »*Sati* is something that controls our mind. If something happens, we will know, it is right, it is wrong. And that knowing is called *sati*«, sagt ein Interviewpartner (Cassaniti, 2018, S. 192). In thailändischen Schulbüchern wird *Sati* mit Energie und Stärke verknüpft, aber auch mit Gleichmut und Ethik: »[Ha]ving sati will make the heart and mind be controlled, not to be excited or frightened […] to have a good memory, and be able to control oneself to not do bad deeds, with the result, that one will find success in everything, such as work, study and more […]. Playing while having sati makes us have fun, and if we play without sati, it may cause an accident and be dangerous« (zit. nach Cassaniti, 2018, S. 119). Die Übung von *sati* hat hier auch psychohygienische Wirkungen, denn sie soll die *khwan,* die »Lebensgeister«, und damit das körperliche und geistige Wohlbefinden stärken. *Sati,* Achtsamkeit, garantiert korrektes Verhalten beim Autofahren oder den Eltern gegenüber (S. 119), hat also eine starke soziale Komponente. In Thailand sind Höflichkeit, korrektes Verhalten und Ehrerbietung gegenüber sozial höher Gestellten gesellschaftlich hoch geschätzte Werte. Auch dabei ist Achtsamkeit empfohlen – nicht so sehr zur Selbstkultivierung, sondern als soziale Qualität (S. 124). *Sati* kann auch zu mehr Gelassenheit in Katastrophenfällen führen, wenn Menschen dadurch eine gewisse innere Ruhe und Gleichmut *(upekhā)* entwickeln, beobachtete Cassaniti. Doch kann damit aber auch Passivität propagiert

96 https://geist-reich.jetzt/ (Zugriff am 25.11.2021).

werden, wenn eigentlich aktives Einfordern politischer oder bürgerlicher Rechte notwendig wäre. Etwa wurde in einer Kampagne der thailändischen Regierung 2007 propagiert, die Menschen mögen gelassen sein und mit einer Schale Reis ihr Auskommen finden (S. 130). Die Bevölkerung sollte angesichts von Hunger und Armut ruhig gehalten werden, schließt Cassaniti.

Im Pali-Kanon ist *viriya,* »Stärke«, mit der Konnotation »Ausdauer, Beharrlichkeit«, eine unverzichtbare Komponente auf dem Weg zum Erwachen. Neben *sati* (Achtsamkeit/Erinnerung), *saddhā* (Sanskrit *śrāddha,* Vertrauen, Glauben), *samādhi* (Versunkenheit, Geistesruhe), gehört *viriya* (Sanskrit *vīrya*) zu den fünf spirituellen Vermögen *(indriya).* Zudem ist *viriya* auch Teil der Sieben Erleuchtungsglieder und der Zehn Vollkommenheiten (Pali *pāramī*) des Theravada-Buddhismus und auch der Sechs Vollkommenheiten des Mahayana (Sanskrit *pāramitā*). Es geht also weder um die Gewinnung von sozialem Status noch um karmische Verdienste oder sozialen Zusammenhalt, sondern um eine »überweltliche« *(lokuttara)* Orientierung. Dass dabei »weltlich« *(lokyia)* Hilfreiches und Nützliches entsteht, unterstreicht die Untrennbarkeit beider Orientierungen.

9.4 Ethik

Achtsamkeit bedeutet, sich offen auf die Wahrnehmungen des gegenwärtigen Moments einzulassen, ohne zu urteilen, so eine der Standarddefinitionen, die auf den Mönch Nyanatiloka in Sri Lanka und seinen burmesischen Lehrer Mahasi Sayadaw zurückgeht: Es solle »reine Achtsamkeit« *(bare attention)* geübt werden (siehe Kapitel 6.3 und 7.2).

In Theravada-Ländern in Asien gilt die Befolgung der buddhistischen Regeln (Pali *sīla)* als selbstverständlicher Teil der alltäglichen Praxis von Laien wie Nonnen und Mönchen und daher auch ganz selbstverständlich als Voraussetzung für Meditationspraxis. Für Laien gelten fünf »Übungsregeln«: Abstehen vom Töten, vom Stehlen, von sexuellem Fehlverhalten, vom Sprechen von Unwahrheit, von der Einnahme berauschender Mittel. Für Mönche und Nonnen bzw. Frauen, die wie Nonnen leben, gelten diese Regeln ebenfalls, aber noch eine große Zahl weiterer Regeln, die spezifisch für das Ordensleben sind.[97]

Sati, Achtsamkeit ist ein Teilaspekt des Achtfachen Weges des Buddha und die Übung von Achtsamkeit ist hier motiviert durch den Wunsch, Erwachen zu finden. Der Achtfache Weg kann in drei einander bedingende Aspekte zusammengefasst werden: *sīla* (Sanskrit *śīla*), also Sittlichkeit oder Ethik, *samādhi,* das als »Konzentration«, »Geistesruhe« oder »Versunkenheit« übersetzt wird, und *paññā* (Sanskrit *prajñā*), Weisheit, also die Fähigkeit, Heilsames von Unheilsamem aus einer Perspektive des Erwachens zu unterscheiden. Durch Übung verstärken diese drei Aspekte einander wechselseitig; Ethik ist hier nicht von Achtsamkeit und weiser Unterscheidungsfähigkeit zu trennen. Achtsame Wahrnehmung von dem, was gerade in diesem Moment entsteht und vergeht, ist vorausgesetzt, um Heilsames von Unheilsamem zu unterscheiden und dann entsprechend zu handeln.

Für amerikanische oder europäische Achtsamkeitsprojekte gilt die Übung von Achtsamkeit als gute Sache per se, eine ethische Haltung oder ethische Regel wird damit nicht verbunden. Eine »nicht urteilende« oder »nicht bewertende« Haltung einzunehmen, wird als unterstützende praktische Anweisung gesehen, die hilft, Stress zu reduzieren. Die allgemeinen ethischen Orientierungen, in denen amerikanisch-europäische Achtsamkeitsprojekte situiert sind, sind meist durch Nützlichkeitsdenken bestimmt: Es geht um Selbstoptimierung, aber auch darum, die Welt zu verbessern (Wilson, 2014). Doch wird das »reine Gewahrsein« von sittlicher Orientierung getrennt, stellen sich ethische Fragen ein: Wenn Impulse der Gier und Impulse der Großzügigkeit auftreten, sind diese dann gleichwertig? Welchem Impuls soll gefolgt werden? (Dreyfus, 2011). Das Beispiel macht deutlich, dass Fragen ethischer Orientierung in der Achtsamkeitspraxis unvermeidlich sind.

97 Der Nonnenorden (voll ordinierte Nonnen) ist in den Ländern des Theravada-Buddhismus ausgestorben, doch gibt es Bemühungen um eine Wiederbelebung und ebenso heftige Kontroversen deswegen (vgl. Anālayo, 2013).

9.5 Selbst

Nach buddhistischer Lehre entsteht das Ich aus einem Zusammenspiel von Körperlichem, Gestimmtheiten, Wahrnehmungen, Handlungsimpulsen und Bewusstsein, hat aber keine Substanz oder Beständigkeit. Ein Grund für die Annahme von *anatta* (Sanskrit *anatman*), Nicht-Selbst, ist die Wahrnehmung von Unbeständigkeit bzw. Vergänglichkeit. In Cassanitis Feldforschung in Thailand und Myanmar bezogen sich die meisten bei der Antwort auf die Frage nach dem Selbst auf *anatta,* Nicht-Selbst, also auf das Merkmal der Unbeständigkeit *(anicca)* der Wahrnehmungen und Empfindungen; auch Momente der Achtsamkeit sind unbeständig. Durch die Übung von Achtsamkeit enthülle sich die Unbeständigkeit allmählich, sodass die Qualität des Nicht-Ich erfahrbar werde (Cassaniti, 2018, S. 192 ff.).

Die buddhistische Sichtweise widerspricht einer interkulturell weit verbreiteten Annahme, dass Menschen – und überhaupt Entitäten im Allgemeinen – eine unwandelbare Essenz haben (Christy, Schlegel u. Cimpian, 2019). Zudem beziehen sich viele psychotherapeutische Richtungen auf ein wie auch immer definiertes »Selbst«, das es zu verwirklichen gelte. Entsprechend geht es in amerikanischen und europäischen Achtsamkeitsprojekten häufig um Selbstwert und Selbstverwirklichung, um Wohlbefinden, Selbsterkenntnis und authentisches Handeln, aber nur selten um Vergänglichkeit (Cassaniti, 2018, S. 242). US-amerikanische Interviewpartner meinten, durch Achtsamkeit sei man mehr bei sich selbst und den eigenen Gedankenprozessen oder komme in Berührung mit dem eigenen Inneren. Achtsamkeitsübung sei eine spirituelle Reise der Entwicklung des Selbst (S. 243).

Cassanitis Untersuchung zeigt, dass das Verständnis und damit die wahrgenommenen Wirkungen von Achtsamkeitspraktiken nicht nur von der persönlichen Motivation der Übenden, sondern auch vom kulturellen Umfeld und dem Weltbild der jeweiligen Gesellschaft abhängen.

10 Zusammenfassung und Ausblick

Kulturtransfer ist ein Mehr-Generationen-Projekt und ein Aneignungs- und Veränderungsprozess, in dem Fragen von Tradition und Authentizität immer wieder neu verhandelt werden müssen. Wandert eine kulturelle Praxis aus einem kulturellen Kontext in einen anderen, finden Selektionsprozesse statt, die von verschiedensten Interessen bestimmt sind (Lüsebrink, 2016, S. 143–188). Am Transfer von Achtsamkeitspraktiken lässt sich dies beobachten, wie Cassanitis Untersuchungen zeigen. Achtsamkeit ist nicht eine Art interkulturelle Universalie, sondern eine kulturelle Praxis, die in verschiedenen Kontexten Verschiedenes bedeutet und bewirkt.

Die Auffassung von Achtsamkeitsübungen hat sich in Asien ab Ende des 19. und Anfang des 20. Jahrhunderts durch Kolonialismus und Modernisierung des Buddhismus gewandelt. Mit dem Transfer von Achtsamkeitspraktiken aus asiatischen Klöstern in Büroetagen, Schulen oder Einfamilienhäuser in Industriestaaten verändern sich nicht nur die Kontexte, sondern auch die Praktiken. Achtsamkeitsübungen in europäischen oder amerikanischen Großstädten und Retreat-Häusern mögen ähnlichen Regeln folgen wie Achtsamkeitsübungen in buddhistischen Klöstern in Südostasien, doch bringen die Menschen, die sich in diesen unterschiedlichen Räumen und Lebensformen bewegen, auch sehr unterschiedliche Lebensgeschichten, Vorstellungen und Erwartungen mit. Diese Prozesse des Kulturtransfers so zu verdeutlichen, dass sie für möglichst viele nachvollziehbar sind, ist die Intention des Buches, und dies in praktischer Absicht als Hilfe für die »Unterscheidung der Geister«.

Willkommensstrukturen für buddhistische Achtsamkeitsübungen in den nordatlantischen Gesellschaften sind vielfältig: Experimentelle Psychologie und Arbeitswissenschaft erforschten Aufmerksamkeitsleistungen. Mesmerismus und Spiritismus bereiteten das Terrain für

Selbstheilung durch Entspannungsübungen, wodurch Wohlbefinden und Leistungsfähigkeit gefördert werden sollten. Die Rationalisierung und Standardisierung von Arbeitsprozessen erzwingt zudem einen kontrollierten Umgang mit Emotionen, wofür seit den 1930er Jahren verschiedenste Techniken des Selbstmanagements entwickelt werden (Illouz, 2007). Im Unterschied zu den klassischen Formen der Selbstkultivierung der Antike und des Christentums in Mittelalter und Barock zeichnen sie sich durch eine Nützlichkeitsperspektive aus und zielen auf Kontrolle. Diese Zusammenhänge erfordern eine eigene Darstellung, die hier nicht geleistet werden kann. Doch soll mindestens erwähnt werden, dass diese – in christliche geistliche Praktiken eingebetteten – Formen der Selbstkultivierung zu Ende des 17. Jahrhunderts durch Papst Innozenz XI. in der Bulle »Coelestis Pastor« (1687) de facto verboten wurden.

Diesen vakanten Ort der spirituellen, geistig-geistlichen Selbstkultivierung besetzen heute Meditationspraktiken, vor allem solche aus dem Buddhismus wie Zen (siehe dazu Baatz, 1998, 2017, 2022c) und Vipassana; aber auch aus den Hindu-Traditionen und dem Sufi-Islam, alles traditionsreiche (und meist modernisierte) Übungswege. Zeitgenössische Achtsamkeitspraktiken unterscheiden sich davon, da sie als Hilfsmittel (»tools«) für Probleme wie Stress und Burn-out fungieren und entsprechend strukturiert sind. Auf diese Weise haben diese Achtsamkeitspraktiken auch Orte der Nutzung im industriell-militärischen Komplex erhalten. Die Neuroforschung dient als Brücke zwischen diesen modernisierten Traditionen und modifizierten Achtsamkeitspraktiken: Sie belegt den Nutzen von Meditation anhand von Parametern, die von den Interessen des industriell-militärischen Komplexes bestimmt werden.

Achtsamkeitspraktiken können als Teil einer neuen Mind-Body-Medizin hilfreich sein. Ob sich die Hoffnung, sie würden zu einer neuen sozialen und politischen Kultur verhelfen, erfüllt, ist fraglich. Der Soziologe Hartmut Rosa (2016) etwa sieht im Boom der Achtsamkeitspraktiken die »individuelle Strategie einer Elite, noch erfolgreicher durchs Leben zu gehen«. Die Übertragung von Achtsamkeitspraktiken in den Bereich von Industrie und Militär stütze »ein zerstörerisches System«, sagte er in einem Interview. »Ich hörte von einem Manager, der sagte, dass es ihm früher schwergefallen sei,

Leute zu entlassen. Heute, da er Achtsamkeit praktiziere, mache es ihm nichts mehr aus« (Rosa, 2016).

Achtsamkeitspraktiken sind ambivalent: Diesen Umstand reflektiert auch Jon Kabat-Zinn (2017) in seinem Aufsatz »Too early to tell«. Es sei zu früh, zu sagen, welche Auswirkungen aus dem »mainstreaming of Dharma« durch MBSR in einer zunehmend dystopischen Welt erwachsen würden. Ethische Fragen seien zu stellen; die unterschiedlichen Zugänge und Praxisniveaus der vielen tausenden MBSR-Lehrenden und -Forschenden seien zu bedenken; auch der Vorwurf, es sei eine »Verwässerung des Dharma«. Er plädiert für einen respektvollen Dialog der verschiedenen Stimmen: »At this moment on the planet, we need all the various and disparate voices participating in this conversation, and we need to listen to each other with open hearts and deep attending. If we cannot do that, how could we possibly expect reconciliation across the greater divides of political and social animosity and active harming we are seeing enacted throughout the world today?« (Kabat-Zinn, 2017, S. 1133). Achtsamkeitspraktiken werden als Teil des gesellschaftlichen Nützlichkeitskalküls durch wissenschaftliche Forschung legitimiert. Damit bleiben sie »im System«, obwohl ihr Potenzial weit darüber hinaus reicht, in das, was man den »Kosmos der Pflege« (Streeruwitz, 2021) nennen könnte. Die Konturen dieses Konflikts will dieses Buch deutlich machen. Es geht, wie Hartmut Rosa festhält, um die Qualität der Beziehung zur Welt: »Ich muss in der Lage sein, da draußen eine andere Stimme zu hören und mich berühren zu lassen […] Wir brauchen eine Sensibilität für das, was uns in Resonanz gehen lässt, und die Bereitschaft, sie zu schützen und zu pflegen« (Rosa, 2016). Wahre Achtsamkeit öffnet für Resonanzen und handelt aus der Erfahrung der Verbundenheit und Verletzbarkeit des Lebens.

Dank

Danken möchte ich vor allem Günter Presting und Ulrike Rastin von Vandenhoeck & Ruprecht für ihre Unterstützung und Geduld. Für hilfreiche Kritik und Hinweise danke ich Karl Baier, Erik Braun, Martina Draszczyk, Dennis Johnson, Christoph Köck, Helmut Renger, Ursula Richard, Harald Tichy und Frank Zechner; unterstützend beigetragen haben Elisabeth Janz Mayer-Riekh und Mirijam Fink. Aus Akincano M. Webers noch unveröffentlichen Manuskripten (bzw. dem Online-Kurs der Zeitschrift »Triycle – The Buddhist Review«) durfte ich zitieren – danke! Ohne ein seit langem verfolgtes Interesse am Entstehen eines »industrialisierten Bewusstseins«, für das Wolfgang Pircher mit der Ausstellung der Wiener Festwochen 1989 »Wunderblock«, bei der ich den Part der Empirischen Psychologie kuratieren durfte, einen wesentlichen Anstoß gab, hätte ich den historischen Zusammenhang von Psychophysik, Arbeitswissenschaft, Stress, Burn-out und »Achtsamkeitsboom« wahrscheinlich nicht bemerkt. Dank an Florence Meleo-Meyer, Melissa Blacker und Jon Kabat-Zinn, bei denen ich die Ausbildung als MBSR-Lehrerin absolvieren durfte; und an Ana Maria Schlüter Rodés Ki-un-An, meine Zen-Lehrerin.

Literatur

Abrahams, M. (2018), Bad Science? Tricycle – The Buddhist Review, Sept 2018. https://tricycle.org/magazine/bad-science.

Adelung, J. C. (1811). Grammatisch-kritisches Wörterbuch der hochdeutschen Mundart. https://lexika.digitale-sammlungen.de/adelung/online/angebot (Zugriff am 04.04.2022).

Alexander, C. N., Langer, E. J. (1990). Higher stages of human development: Perspectives on adult growth. New York: Oxford University Press.

Allon, M., Salomon, R. (2010). New evidence for Mahayana in early Gandhāra. The Eastern Buddhist, 41 (1), 1–22.

Anālayo, B. (2010). Der direkte Weg – Satipaṭṭhāna. Stammbach: Beyerlein & Steinschulte, Herrnschrot.

Anālayo, B. (2013). The legality of bhikkhuni ordination. (Special 20th Anniversary Issue). Journal of Buddhist Ethics, 20, 310.

Anālayo, B. (2018). Mindfulness constructs in early Buddhism and Theravāda: Another contribution to the memory debate. Mindfulness, 9 (4), 1047–1051.

Anālayo, B. (2019a). In the seen just the seen: Mindfulness and the construction of experience. Mindfulness, 10 (1), 179–184.

Anālayo, B. (2019b). Open monitoring and mindfulness. Mindfulness, 10 (7), 1437–1442.

Anālayo, B. (2019c). Mindfulness-based interventions and the four Satipaṭṭhānas. Mindfulness 10, 611–615.

Anālayo, B. (2020a). Attention and mindfulness. Mindfulness, 11 (5), 1131–1138.

Anālayo, B. (2020b). Buddhist antecedents to the Body Scan Meditation. Mindfulness, 11 (1), 194–202.

Anderson, L. M., Kinnison, J., Pessoa, L. (2013). Describing functional diversity of brain regions and brain networks. Neuroimage, 73, 50–58. https://www.ncbi.nlm.nih.gov/pmc/articles/PMC3756684/ (Zugriff am 26.11.2021).

App, U. (2018). Asiatische Philosophien und Religionen. In D. Schubbe, M. Koßler (Hrsg.), Schopenhauer-Handbuch. Leben – Werk – Wirkung (2., verb. Aufl., S. 182–196). Stuttgart: Metzler.

Arnold, E. (1879). The light of Asia or the great renunciation: Being the life and teaching of Gautama, Prince of India and founder of Buddhism (as told in verse by an Indian Buddhist). London: Trübner.

Arthington, Ph. (2016). Mindfulness. A critical perspective. ESE Publications 2 (1) (pp. 87–104). http://siba-ese.unile.it/index.php/cpgp/article/view/15178 (Zugrff am 26.11.2021).

Assmann, A. (2001). Einleitung. In A. Assmann, J. Assmann (Hrsg.), Aufmerksamkeiten. Archäologie der literarischen Kommunikation VII. München: Fink.

Attwood, J. (2021), Losing ourselves in the Heart Sutra. Tricycle – The Buddhist Review. https://tricycle.org/magazine/heart-sutra-history.

Baatz, U. (1989). Licht – Seele – Augen. Zur Wahrnehmungspsychologie im 19. Jahrhundert. In J. Clair, K. Puichler, W. Pircher: Wunderblock. Eine Geschichte der modernen Seele. Katalog zur Ausstellung der Wiener Festwochen in Zusammenarbeit mit dem Historischen Museum der Stadt Wien, 27. April bis 6. August 1989 (S. 357–378). Wien: Löcker.

Baatz, U. (1992). Die Sinne und die Wissenschaften. Zur Erkenntnistheorie bei Johannes Müller und Ernst Mach. In M. Hagner, B. Wahrig-Schmidt (Hrsg.), Johannes Müller und die Philosophie (S. 255–275). Berlin: Akademie-Verlag.

Baatz, U. (1996). »Dieses Gefühl kann ich bei mir nicht entdecken«. Ozeanisches Bewußtsein und Religionskritik bei Freud, Rolland und Nietzsche. In J. Figl (Hrsg.), Von Nietzsche zu Freud. Übereinstimmungen und Differenzen von Denkmotiven (S. 143–163). Wien: WUV.

Baatz, U. (1998). Hugo M. Enomiya-Lassalle. Ein Wanderer zwischen den Welten. Zürich: Benzinger.

Baatz, U. (2013). Buddhas Natur. Ökologie-Bewegung und Buddhismus. Polylog – Zeitschrift für interkulturelles Philosophieren, 29, 37–50.

Baatz, U. (2017). Hugo M. Enomiya-Lassalle. Zen-enlightenment and Christianity. In R. Maryks (ed.), A companion to Jesuit mysticism (pp. 335–357). Leiden: Brill.

Baatz, U. (2019a). Ernst Mach: Science and Buddhism. A misunderstanding under globalization's signature. In F. Stadler (ed.), Ernst Mach – Life, work, influence. Cham: Springer.

Baatz, U. (2019b). Auf der Suche nach Identität, Nation und Religion. Modernisierung und Nationalismus in den Hindu-Traditionen und im Buddhismus. In J. Gruber, S. Pittl, S. Silber, C. Tauchner (Hrsg.), Identitäre Versuchungen. Identitätsverhandlungen zwischen Emanzipation und Herrschaft (S. 297–309). Aachen: Verlag Mainz.

Baatz, U. (2022a). Der Körper als Resonanzraum, Teil 1: Achtsamkeit und Mindfulness: Geschichte, Abgrenzung und Hintergründe. Praxis PalliativeCare, 54, 18–22.

Baatz, U. (2022b). Der Körper als Resonanzraum, Teil 2: Achtsamkeit und Mindfulness: Wissen, Kontexte und Curricula. Praxis PalliativeCare, 54, 23–27.

Baatz, U. (2022c). Zen-Praxis, Zen-Buddhismus im deutschen Sprachraum. In R. Krammer, M. Rötting (Hrsg.), Buddhismus im 21. Jahrhundert in Europa. Münster: LIT (im Druck).

Baier, K. (2009). Meditation und Moderne. 2 Bde. Würzburg: Könighausen & Neumann.

Baier, K. (2016). »Das Evangelium der Entspannung«: Euroamerikanische Entspannungskultur und die Genese des modernen Yoga. Entspannungsverfahren. Zeitschrift der Deutschen Gesellschaft für Entspannungsverfahren (DG-E e. V.), 33, 45–63.

Baker, D. (2012). Reflections on Rogers. Observer Association for Psychological Acience. https://www.psychologicalscience.org/observer/reflections-on-rogers (Zugriff am 26.11.20219).

Bays, J. C. (2009). Mindful eating: A guide to rediscovering a healthy and joyful relationship with food. Boulder, CO: Shambhala Publications.
Beard, G. M. (1881). American nervousness: Its causes and consequences; a supplement to nervous exhaustion (Neurasthenia). New York: Putnam.
Beck, J. (2016). »Americanitis«: The disease of living too fast. How a 19th-century nervous condition shaped the way modern Americans think about health and happiness. https://www.theatlantic.com/health/archive/2016/03/the-history-of-neurasthenia-or-americanitis-health-happiness-and-culture/473253/ (Zugriff am 26.11.2021).
Benson, H. (1975). The relaxation response. New York: Morrow.
Berger, P. L., Luckmann, T. (1969/2013). Die gesellschaftliche Konstruktion der Wirklichkeit. Eine Theorie der Wissenssoziologie. Frankfurt a. M.: Fischer Taschenbuch-Verl.
Bergson, H. (1889/1911). Zeit und Freiheit. Jena: Diederichs.
Berking, M. (2012), Achtsamkeitsbasierte Interventionsverfahren. In Berking, M. (Hrsg.), Klinische Psychologie und Psychotherapie für Bachelor (pp. 117–129). Berlin, Heidelberg: Springer.
Bernays, E. (1928/2007). Propaganda. Die Kunst der Public Relations. Freiburg: Orange-Press.
Bishop, S. R., Lau, M., Shapiro, S., Carlson, N., Anderson, N. D., Carmody, J., Segal, Z. V., Abbey, S., Speca, M., Velting, D., Devins, G. (2004). Mindfulness. A proposed operational definition. Clinical Psychology, 11 (3), 230–24.
Bobouraj, N., Bezin, L., Büssing, A. (2017). NATO-Report TR-HFM-195. https://www.researchgate.net/publication/343922320_NATO_Report_HFM-195 (Zugriff am 26.11.2021).
Bögels, S. M., Restifo, K. (2014). Mindful parenting: A guide for mental health practitioners. New York: Springer.
Bond, G. D. (1988). The Buddhist revival in Sri Lanka: Religious tradition, reinterpretation and response. Columbia, SC: University of South Carolina Press.
Bowen, S., Chawla, N., Marlatt, G. A. (2011). Achtsamkeitsbasierte Rückfallprävention bei Substanzabhängigkeit. Weinheim: Beltz.
Bourdieu, P. (1992). Die Auflösung des Religiösen. In P. Bourdieu, Rede und Antwort (S. 231–236). Frankfurt a. M.: Suhrkamp.
Boyce, B. (2011). The mindfulness revolution. Boulder, CO: Shambala.
Brand, U., Wisser, M. (2017). Imperiale Lebensweise. Zur Ausbeutung von Mensch und Natur im globalen Kapitalismus. München: oekom.
Braun, E. (2013). The birth of insight: Meditation, modern Buddhism, and the Burmese monk Ledi Sayadaw. Chicago: University of Chicago Press.
Braun, E. (2014). Meditation en masse. How colonialism sparked the global Vipassana movement. – The Buddhist Review. https://tricycle.org/magazine/meditation-en-masse.
Brown, C. G. (2019). Conservative legal groups are suing public school yoga and mindfulness programs. This explains why. https://www.washingtonpost.com/politics/2019/07/10/conservative-legal-groups-are-suing-public-school-yoga-mindfulness-programs-this-explains-why/ (Zugriff am 26.11.2021).

Brunner, J., Steger, F. (2006). Johannes Heinrich Schultz (1884–1970) – Begründer des Autogenen Trainings: Ein biographischer Rekonstruktionsversuch im Spannungsfeld von Wissenschaft und Politik. BIOS, 19 1, 16–25.
Cannon, W. (1915). Bodily changes in pain, hunger, fear and rage. An account of recent research into the function of emotional excitement. New York/London: D. Appleton & Co.
Carmody, J., Baer, R. (2008). Relationships between mindfulness practice and levels of mindfulness, medical and psychological symptoms and well-being in a mindfulness-based stress reduction program. Journal of Behavioral Medicine, 31, 1, 23–33.
Carson, J. W., Carson, K., Gil, K. M., Baucom, D. H. (2004). Mindfulness-Based Relationship Enhancement. Behaviour Therapy, 35 (3), 471–494.
Carus, P. (1894/1991). The Gospel of Buddha: Compiled from ancient records. New Delhi: Asian Educational Service.
Cassaniti, J. (2018). Remembering the present: Mindfulness in Buddhist Asia. Ithaca: Cornell University Press.
Chiesa, A., Serretti, A. (2011). Mindfulness based cognitive therapy for psychiatric disorders: A systematic review and meta-analysis. Psychiatry Research, 187, 441–453.
Christy, A. G., Schlegel, R. J., Cimpian, A. (2019). Why do people believe in a »True Self«? The role of Essentialist Reasoning about personal identity and the self. Journal of personality and social psychology, 117 (2), 386–416.
Cladder-Micus, M. B., Becker, E. S., Spijker, J., Speckens, A. E. M., Vrijsen, J. N. (2019). Effects of Mindfulness-Based Cognitive Therapy on a behavioural measure of rumination in patients with chronic, treatment-resistant depression. https://doi.org/10.1007/s10608-019-09997-8 (Zugriff am 29.11.2021).
Cleary, Th. (1977). The Blue Cliff Record. 3 Bde. Boulder, CO: Shambala. Congleton, C., Hölzel K. B., Lazar, S. (2015), Mindfulness can literally change your brain https://hbr.org/2015/01/mindfulness-can-literally-change-your-brain (Zugriff am 04.04.2022).
Corbett, M. (2013). Cold comfort firm: Lean organisation and the empirical mirage of the comfort zone. Culture and organization, 19 (5), 413–429.
Cousins, L. S. (1996). The origins of insight meditation. In T. Skorupski (ed.), The Buddhist Forum, vol. 4 (pp. 35–58). London: School of Oriental and African Studies.
Cowan, M. J. (2008). Cult of the will: Nervousness and German modernity. University Park, Pa.: Pennsylvania State Univ. Press.
Crane, R., Brewer, J., Feldman, C., Kabat-Zinn, J., Santorelli, S., Williams, J. M. G., Kuyken, W. (2017). What defines mindfulness-based programs? The warp and the weft. Psychological Medicine, 47 (6), 990–999. https://doi.org/10.1017/S0033291716003317 (Zugriff am 29.11.2021).
Crary, J. (1990). Techniques of the observer: On vision and modernity in the nineteenth century. Cambridge, Mass.: MIT Press.

Crary, J. (2002). Aufmerksamkeit: Wahrnehmung und moderne Kultur. Frankfurt a. M.: Suhrkamp.
Cullen, M. (2006). Mindfulness: The heart of Buddhist Meditation? A conversation with Jan Chozen Bays, Joseph Goldstein, Jon Kabat-Zinn and Alan Wallace. https://www.inquiringmind.com/article/2202_4_cullen_mindfulness-conversation/ (Zugriff am 29.11.2021).
Dalai Lama, Cutler, H. C. (1999). Die Regeln des Glücks. Bergisch Gladbach: Lübbe.
Davidson, R. J., Goleman, D. J., Schwartz, G. E. (1976). Attentional and affective concomitants of meditation: A cross-sectional study. Journal of Abnormal Psychology, 85 (2), 235–238.
Della Porta, D., Diani, M. (2011). Social movements. In M. Edwards (ed.), The Oxford handbook of civil society (pp. 68–79). Oxford: Oxford University Press.
Deocampo, N. (2017). Early cinema in Asia. Indiana: University Press.
De Vido, E. A. (2019). Thích Nhất Hạnh's propagation of mindfulness in the West. In E. Harris, J. O'Grady (eds.), Meditation in Buddhist-Christian encounter: A critical analysis (pp. 217–252). St. Ottilien: EOS-Verlag.
Didi-Huberman, G. (1997). Die Erfindung der Hysterie. Die photographische Klinik von Jean-Martin Charcot. Paderborn: Fink.
Dorjee, D. (2016). Defining contemplative science: The metacognitive self-regulatory capacity of the mind, context of meditation practice and modes of existential awareness. Frontiers in Psychology, 7, Article 1788.
Draszczyk, M. (2022). The Buddhist practice of mindfulness and its adoption in non-religious settings. Revue d'Etudes Tibétaines, no. 63.
Dreyfus, G. (2011). Is mindfulness present-centred and non-judgmental? A discussion of the cognitive dimensions of mindfulness. Contemporary Buddhism, 12 (1), 41–54.
Dudel, J., Menzel, R., Schmidt, R. (Hrsg.) (2013). Neurowissenschaft: Vom Molekül zur Kognition (2., überarb. u. akt. Aufl.). Berlin u. a.: Springer.
Duncan, L. G., Coatsworth, J. D., Greenberg, M. T. (2009). A model of mindful parenting: Implications for parent-child relationships and prevention research. Clinical Child and Family Psychology Review, 12, 255–270.
Dunne, J. (2013). Toward an understanding of non-dual mindfulness. In: M. Williams, J. Kabat-Zinn, (eds.), Mindfulness (pp. 71–88). London, New York: Routledge.
Dunne, J. D. (2015). Buddhist Styles of Mindfulness: A Heuristic Approach. In Handbook of Mindfulness and Self-Regulation, edited by Brian D. Ostafin, Michael D. Robinson, and Brian P. Meier, 251–70. New York: Springer
Eberth, J., Sedlmeier, P. (2012). The effects of mindfulness. A meta-analysis. Mindfulness, 3 (3), 174–189.
Eliade, M. (1985). Yoga: Unsterblichkeit und Freiheit. Frankfurt a. M.: Suhrkamp.
Erb, W. H. (1893). Über die wachsende Nervosität unserer Zeit. Heidelberg: Köster.
Evans, J. (2020). The soulful psychiatrist. https://julesevans.medium.com/the-soulful-psychiatrist-9b3f9d66e698 (Zugriff am 29.11.2021).

Feinberg, C. (2010). The Mindfulness Chronicles. On ›the psychology of possibility‹. https://www.harvardmagazine.com/2010/09/the-mindfulness-chronicles (Zugriff am 29.11.2021).

Fjorback, L. O., Arendt, M., Oernbol, E., Fink, P., Walach, H. (2011). Mindfulness-Based Stress Reduction & Mindfulness-Based Cognitive Therapy – A systematic review of randomized controlle trials. Acta Psychiatrica Scandinavica, 124 (2), 102–19.

Fjorback, L., Walach, H. (2012). Meditation based therapies – A systematic review and some critical observations. Religions, 3, 1–18.

Foucault, M. (1976). Überwachen und Strafen. Die Geburt des Gefängnisses. Frankfurt a. M.: Suhrkamp.

Fox, K. C. R., Nijeboer, S., Dixon, M. L., Floman, J. L., Ellamil, M., Rumak, S. P., Sedlmeier, P., Christoff, K. (2014). Is meditation associated with altered brain structure? A systematic review and meta-analysis of morphometric neuroimaging in meditation practitioners. Neuroscience & Biobehavioral Reviews, 43, 48–73.

Franck, G. (1998). Ökonomie der Aufmerksamkeit: Ein Entwurf. München/Wien: Hanser.

Frauwallner, E. (1956). Die Philosophie des Buddhismus. Berlin: Akademie-Verlag.

Freudenberger, H. J. (1974). Staff burn-out. Journal of Social Issues, Relations, 30, 1, 159–165.

Fromm, E. (1976). Haben und Sein. Die seelischen Grundlagen einer neuen Gesellschaft. Stuttgart: Deutsche Verlagsanstalt.

Fromm, E., Suzuki, D. T., de Martino, R. (1960). Zen-Buddhism & Psychoanalysis. New York: Harper (dt.: Zen-Buddhismus und Psychoanalyse. Frankfurt a. M.: Suhrkamp, 1972).

Frýba, M. (1990). Abhidhamma im Überblick. Texte der hohen Lehre des Buddha. Konstanz: Forschungsprojekt »Buddhistischer Modernismus«.

Fuchs, E., Flügge, G. (2014). Adult neuroplasticity: More than 40 years of research. Neural Plasticity, (5), Article 541870.

Gibson, J. (2019). Mindfulness, interoception, and the body: A contemporary perspective. Frontiers in Psychology, 10: 2012, https://www.ncbi.nlm.nih.gov/pmc/articles/PMC6753170/ (Zugriff am 29.11.2021).

Goleman, D. (2002). Emotionale Intelligenz (ungekürzte Ausg., 15. Aufl.). München: Dt. Taschenbuch Verlag.

Goleman, D., Davidson, R. (2017). Altered traits: Science reveals how meditation changes your mind, brain, and body. New York: Avery.

Goleman, D. J., Schwartz, G. E. (1976). Meditation as an intervention in stress reactivity. Journal of Consulting and Clinical Psychology, 44 (3), 456–466.

Ghosh, A. (2006). Der Glaspalast. München: Blessing.

Gouveia, M. J, Carona, C., Canavarro, M. C., Moreira, H. (2016). Self-compassion and dispositional mindfulness are associated with parenting styles and parenting stress: The mediating role of mindful parenting. Mindfulness, 7, 700–

712. https://self-compassion.org/wp-content/uploads/2016/06/Gouveia2016.pdf (Zugriff am 29.11.2021).
Goyal, M., Singh, S., Sibinga, E. M. S., Gould, N. F., Rowland-Seymour, A., Sharma, R., Berger, Z., Sleicher, D., Maron, D. D., Shihab, H. M., Ranasinghe, P. D., Linn, S., Saha, S., Bass, E. B., Haythornthwaite, J. A. (2014). Meditation programs for psychological stress and wellbeing. A systematic review and meta-analysis. JAMA Internal Medicine, 174 (3), 357–368.
Graham, B. (1991). In the Dukkha Magnet Zone. An interview with Jon Kabat-Zinn. Tricycle – The Buddhist Review. https://tricycle.org/magazine/dukkha-magnet-zone/ (Zugriff am 29.11.2021).
Grinker, R., Spiegel, J. (1945). Men under stress. Philadelphia: Blakiston.
Grossman, P., Niemann, L., Schmidt, S., Walach, H. (2004). Mindfulness-based stress reduction and health benefits. A meta-analysis. Journal of Psychosomatic Research, 57 (1), 35–43.
Gunaratana, H. (1991). Mindfulness in plain English. High View, WV: Bhavana Society: Taipei (Taiwan): Corporate Body of the Buddha Educational Foundation (dt.: Die Praxis der Achtsamkeit. Eine Einführung in die Vipassana-Meditation. Heidelberg: Kristkeitz, 1996).
Hachtmann, R. (2008). Fordismus und Sklavenarbeit: Thesen zur betrieblichen Rationalisierungsbewegung 1941 bis 1944. Potsdamer Bulletin für Zeithistorische Studien, 43/44, 21–34.
Hachtmann, R., Saldern, A. von (2009a). Das fordistische Jahrhundert. Eine Einleitung. Zeithistorische Forschungen/Studies in Contemporary History, Online-Ausgabe, 6 (2), 174–185. https://zeithistorische-forschungen.de/2-2009/4508 (Zugriff am 29.11.2021).
Hachtmann, R., Saldern, A. von (2009b). »Gesellschaft am Fließband«. Fordistische Produktion und Herrschaftspraxis in Deutschland. Zeithistorische Forschungen/Studies in Contemporary History, Online-Ausgabe, 6 (2), 186–207. https://zeithistorische-forschungen.de/2-2009/4509#pgfId-1038007 (Zugriff am 29.11.2021).
Halbfass, W. (2000). Karma und Wiedergeburt im indischen Denken. Kreuzlingen: Hugendubel.
Hanson, R. (2020). Neurodharma: New science, ancient wisdom, and Seven Practices of the Highest Happiness. New York: Harmony.
Harrer, M. E., Weiss, H. (2016). Wirkfaktoren der Achtsamkeit: Wie sie die Psychotherapie verändern und bereichern. Stuttgart: Schattauer.
Harvey, P. (1986). »Signless« Meditations in Pāli Buddhism. The Journal of the International Association of Buddhist Studies, 9 (1), 25–52.
Heidenreich,Th., Michalak, J. (Hrsg.) (2009). Achtsamkeit und Akzeptanz in der Psychotherapie. Ein Handbuch (3., überarb. und erw. Aufl.). Tübingen: dgvt-Verlag.
Henrich, J. (2010). Most people are not WEIRD. Nature, 466 (7302), 29.
Henrich, J., Heine, S. J., Norenzayan, A. (2010). Beyond WEIRD: Towards a broad-based behavioral science. The Behavioral and Brain Sciences, 33 (2–3), 111–210.

Heuman, L. (2011). Whose Buddhism is truest. Tricycle, Summer 2011. https://tricycle.org/magazine/whose-buddhism-truest/ (Zugriff am 29.11.2021).

Heuman, L. (2014). Under one umbrella. Can tradition and science both fit? An interview with Thupten Jinpa Langri, Tricycle Summer 2014 https://tricycle.org/magazine/under-one-umbrella-2/ (Zugriff am 29.11.2021).

Hick, St., Bien, Th. (2010). Achtsamkeit in therapeutischen Beziehungen. Freiburg: Arbor.

Hillert, A., Marwitz, M. (2006). Die Burnout-Epidemie oder brennt die Leistungsgesellschaft aus? München: C. H. Beck.

Helmholtz, H. von (1850). Ueber die Fortpflanzungsgeschwindigkeit der Nervenreizung. Annalen der Physik und Chemie, Leipzig, 79, 329–330, https://vlp.mpiwg-berlin.mpg.de/library/data/lit1861 (Zugriff am 29.11.2021).

Hempel, S., Taylor, S. L., Marshall, N. J., Miake-Lye, I. M., Beroes, J. M., Shanman, R., Solloway, M. R., Shekelle, P. G. (2014). Evidence Map of Mindfulness. VA-ESP Project #05–226; https://www.ncbi.nlm.nih.gov/books/NBK268640/ (Zugriff am 29.11.2021).

Hindsley, G. (2019). The latest in military strategy: Mindfulness. https://www.nytimes.com/2019/04/05/health/military-mindfulness-training.html (Zugriff am 29.11.2021).

Hodenberg, C. von (1997). Aufstand der Weber. Die Revolte von 1844 und ihr Aufstieg zum Mythos. Bonn: Dietz.

Hölzel, B. K., Carmody, J., Vangel, M., Congleton, C., Yerramsetti, S. M., Gard, T., Lazar, S. W. (2011). Mindfulness practice leads to increases in regional brain gray matter density. Psychiatry Research: Neuroimaging, 191, 36–42.

Houtman, G (1990). Traditions of Buddhist practice in Burma. PhD Dissertation, School of Oriental and African Studies. London University.

Hui Kai (jap. Mumon) (2011). Mumonkan: Zen-Meister Mumons Koan-Sammlung. Die torlose Schranke. Übertr. und kommentiert von Kôun Yamada Roshi. München: Kösel.

Hunt-Perry, P., Fine, L. (2000). All Buddhism is engaged: Thich Nhat Hanh and the order of interbeing. In C. S. Queen (ed.), Engaged Buddhism in the West (pp. 35–66). Somerville, MA.: Wisdom Publications.

Husserl, E. (1913/2002). Ideen zu einer reinen Phänomenologie und phänomenologischen Philosophie. Allgemeine Einführung in die reine Phänomenologie. Berlin: De Gruyter.

Illouz, E. (2007). Gefühle in Zeiten des Kapitalismus. Frankfurt a. M.: Suhrkamp.

Ioannidis, J. P. A. (2005). Why most published research findings are alse. https://doi.org/10.1371/journal.pmed.0020124 (Zugriff am 29.11.2021).

Ivtzan, I. (2019). Handbook of mindfulness-based programmes. London: Taylor and Francis.

Jacobson, E. (1934). You must relax. New York: Whittlesey House (dt.: Entspannung als Therapie – Progressive Relaxation in Theorie und Praxis. München: Pfeiffer, 1990).

Jain, S., Shapiro, S., Swanick, S., Schwartz, G. (2007). A randomized controlled trial of mindfulness meditation versus relaxation training: Effects on distress, positive states of mind, rumination, and distraction. Annals of Behavioral Medicine 33 (1), 11–21.

James, W. (1899). The gospel of relaxation. In W. James, Talks to students on some of life's ideals. London: Longman.

James, W. (1907). Energies of man. The Philosophical Review, 16 (1) 1–20.

James, W. (2012). On vital reserves: The gospel of relaxation. The energies of man. Charleston: Nabu Press. (Reprint von James 1899 und 1907)

James, W. (1902/2014). Die Vielfalt religiöser Erfahrung. Berlin: Verlag der Weltreligionen.

Jha, A. (2017). Mindfulness training in U.S. Army Cohorts. https://clinicaltrials.gov/ct2/show/NCT03310112 (Zugriff am 29.11.2021).

Jha, A. (2020). The Mindfulness of breathing exercise. Mindful, May 2020, https://www.mindful.org/the-mindfulness-of-breathing-exercise-with-neuroscientist-amishi-jha/ (Zugriff am 29.11.2021).

Jha, A. P., Rogers, S. L., Schoomaker, E., Cardon, E. (2019). Deploying mindfulness to gain cognitive advantage: Considerations for military effectiveness and well-being. NATO Science and Technology Conference Proceedings, 1–14.

Kabat-Zinn, J. (1982). An outpatient program in behavioral medicine for chronic pain patients based on the practice of mindfulness meditation: Theoretical considerations and preliminary results. General Hospital Psychiatry, 4 (1), 33–47.

Kabat-Zinn, J. (1990). Full catastrophe living. How to cope with stress, pain and illness using mindfulness meditation. New York: Dell Publishing (dt.: Gesund und stressfrei durch Meditation. Das grosse Buch der Selbstheilung. München: Barth, 1991).

Kabat-Zinn, J., (1994). Wherever you go, there you are: Mindfulness meditation in everyday life. New York: Hyperion.

Kabat-Zinn, J. (2003). Mindfulness-based interventions in context: Past, present, and future. http://institutpsychoneuro.com/wp-content/uploads/2015/09/Kabat-Zinn-2003.pdf (Zugriff am 29.11.2021).

Kabat Zinn, J. (2005). Coming to our senses: Healing ourselves through mindfulness. New York: Hyperio (dt.: Zur Besinnung kommen. Die Weisheit der Sinne und der Sinn der Achtsamkeit in einer aus den Fugen geratenen Welt. Freiburg: Arbor, 2006).

Kabat-Zinn, J. (2009). Gesund durch Meditation. Das große Buch der Selbstheilung (6. Aufl.). Frankfurt a. M.: Fischer.

Kabat-Zinn, J. (2013). Some reflections on the origins of MBSR, skillful means and the trouble with maps. In M. Williams, J. Kabat-Zinn (eds.), Mindfulness. Diverse perspectives on its meaning, origins and applications (pp. 281–306). London/New York: Routledge.

Kabat-Zinn, J. (2017). Too early to tell: The potential impact and challenges – ethical and otherwise – inherent in the mainstreaming of Dharma in an increasingly dystopian world. Mindfulness, 8, 1125–1135.

Kabat-Zinn, M., Kabat-Zinn, J. (1997). Everyday blessings: The inner work of mindful parenting. New York: Hyperion.

Kaelber, W. O. (1989). Tapta Mārga: Asceticism and initiation. Vedic India, Albany: State University of New York Press.

Kaliman, P. (2019). Epigenetics and meditation. Current Opinion in Psychology, 28, 76–80.

Kant, I. (1781/2021). Kritik der reinen Vernunft (6., rev. Aufl., Reprint 2020). Berlin, Boston: De Gruyter.

Kapleau, Ph.(1981). Die drei Pfeiler des Zen. Lehre – Übung – Erleuchtung. München: O. W. Barth.

Kappelhoff, H., Bakels, J.-H., Lehmann, H., Schmitt, C. (2019). Emotionen. Stuttgart: J. B. Metzler.

Kennard, U. (2008). A brief history of the term stress. https://www.healthcentral.com/anxiety/c/1950/30437/history-term-stress (Zugriff am 29.11.2021).

King, S. B. (1996). Thich Nhat Hanh and the Unified Buddhist Church: Nonduality in Action. In C. S. Queen, S. B. King (ed.), Engaged Buddhism. Buddhist liberation movements in Asia (pp. 320–363), New York: SUNY Press.

Klinkenberg, N. (2015). Körperorientierte Verfahren. In G. Schmid-Ott, S. Wiegand-Grefe, C. Jacobi, G. H. Paar, R. Meermann, F. Lamprecht, Rehabilitation in der Psychosomatik. Versorungungsstrukturen – Behandlungsangebote – Qualitätsmanagement (2., überarb. Aufl.). Stuttgart: Schattauer.

Komjathy, L., Birkel, M. (2015). Contemplative literature: A comparative sourcebook on meditation and contemplative prayer. New York: SUNY Press.

Kornfield, J. (1977). The psychology of mindfulness meditation. Pasadena, California.; Saybrook Institute, Ph.D.

Kornfield, J. (1977/1996). Living dharma: Teachings of twelve Buddhist masters. Boulder: CO: Shambala. (ursprünglicher Titel: Living Buddhist Masters. Santa Cruz: Unity Press)

Kornfield, J. (1993). A path with heart. A guide through the perils and promises of spiritual life, New York, Bantam Books (dt.: Frag den Buddha und geh den Weg des Herzens. München: Kösel, 1995).

Kotsou, I., Lesire, C. (2018). Wer sich verändert, verändert die Welt. Für ein achtsames Zusammenleben. München: Kösel.

Kristeller, J. L., Wolever, R. (2011). Mindfulness-based eating awareness training for treating Binge Eating Disorder: The conceptual foundation. Eating Disorders, 19 (1), 49–61.

Kropp, A., Sedlmeier, P. (2019). What makes mindfulness-based intervetions effective? An examination of common components. Mindfulness. https://doi.org/10.1007/s12671-019-01167-x (Zugriff am 29.11.2021).

Krüger, L. (2018). Universalgenie Helmholtz. Rückblick nach 100 Jahren. Boston, Berlin: De Gruyter.

Kury, P. (2011). Selbsttechniken zwischen Tradition und Innovation. In S. Maasen, J. Elberfeld, P. Eitler, M. Tändler (Hrsg.), Das beratene Selbst. Zur Genealogie der Therapeutisierung in den »langen« Siebzigern (S. 139–158). Bielefeld: transcript.

Kury, P. (2012). Der überforderte Mensch. Eine Wissensgeschichte vom Stress zum Burnout. Frankfurt a. M.: Campus.

Kuyken, W., Byford, S., Taylor, R. S., Watkins, E., Holden, E., White, K., Barrett, B., Byng, R., Evans, A., Mullan, E., Teasdale, J. D. (2008). Mindfulness-based cognitive therapy to prevent relapse in recurrent depression. Journal of Consulting and Clinical Psychology, 76 (6), 966–978.

Kuyken, W., Warren, F. C., Taylor, R. S., Whalley, B., Crane, C., Bondolfi, G., Hayes, R., Huijbers, M., Ma, H., Schweizer, S., Segal, Z., Speckens, A., Teasdale, J. D., van Heeringen, K., Williams, M., Byford, S., Byng, R., Dalgleish, T. (2016). Efficacy of mindfulness-based cognitive therapy in prevention of depressive relapse. An individual patient data meta-analysis from randomized trials. JAMA Psychiatry, 73 (6), 565–574.

Lakoff, G., Johnson, M. (2014). Leben in Metaphern. Konstruktion und Gebrauch von Sprachbildern (3. Aufl.). Heidelberg: Carl-Auer-Systeme.

Langer, E. (1989/2015). Mindfulness: Das Prinzip Achtsamkeit. Die Anti-Burnout Strategie. München: Vahlen.

Ledi Sayadaw (1900/2007). A manual of the excellent man (Uttama purisa Dīpanī). Kandy: Buddhist Publication Society. https://holybooks-lichtenbergpress.netdna-ssl.com/wp-content/uploads/A-Manual-of-the-Excellent-Man.pdf.

Ledi Sayadaw (1904/1999). Manual of mindfulness of breathing Ānāpāna Dīpani. Kandy: Buddhist Publication Society. https://www.bps.lk/olib/wh/wh431_Ledi_Manual-of-Mindfulness-Of-Breathing.pdf (Zugriff am 29.11.2021).

Ledi, Sayadaw (1915/2007). Manual of insight. Vipassanā Dipani. Sri Lanka: Buddhist Publication Society. https://mahajana.net/en/library/texts/the-vipassana-dipani (Zugriff am 29.11.2021).

Levenstein, A. (1912). Die Arbeiterfrage. Mit besonderer Berücksichtigung der sozialpsychologischen Seite des modernen Großbetriebes und der psychophysischen Einwirkungen auf die Arbeiter. München: Ernst Reinhardt.

Levine, R. (2011). Eine Landkarte der Zeit. Wie Kulturen mit Zeit umgehen. München: Piper.

Levman, B. (2018). Sati, memory, and wisdom. Response to Ven. Anālayo's »Mindfulness constructs in early Buddhism and Theravada: Another contribution to the memory debate«. Mindfulness, 9 (6), 1981–1986.

Lilienfeld, S. O., Aslinger, E., Marshall, J., Satel, S. (2018). Neurohype. A field guide to exaggerated brain-based claims. In L. Syd M. Johnson, K. S. Rommelfanger (eds.), Routledge Handbook of Neuroethics. London: Routledge, Taylor & Francis Group.

Lopez, D. S. (1995). Curators of the Buddha: The study of Buddhism under colonialism. Chicago: The University of Chicago Press.

Lopez, D. S. (2012). The scientific Buddha: His short and happy life. New Haven: Yale University Press.

Loy, D. (2021). ÖkoDharma: Buddhistische Perspektiven zur ökologischen Krise. Berlin: edition steinrich.

Loy, D., Purser, R. (2013). Beyond McMindfulness. https://www.huffpost.com/entry/beyond-mcmindfulness_b_3519289 (Zugriff am 04.04.2022).

Lüsebrink, H. J. (2016). Kulturtransfer. In H. J. Lüsebrink, Interkulturelle Kommunikation. Interaktion, Fremdwahrnehmung, Kulturtransfer (4., akt. u. erw. Aufl.). Stuttgart: J. B. Metzler.

Maase, K. (1997). Grenzenloses Vergnügen. Der Aufstieg der Massenkultur. Frankfurt a. M.: Fischer.

Main, J., Lai, R. (2013). Introduction: Reformulating »Socially engaged Buddhism« as an analytical category. The Eastern Buddhist, 44 (2), 1–34.

Matko, K., Ott, U., Sedlmeier, P. (2021). What do meditators do when they meditate? Proposing a novel basis for future meditation research. Mindfulness, 12 (7), 1791–1811.

McMahan, D. L. (2012). Buddhism in the modern world. London/New York: Taylor and Francis.

Maull, F., (2019). Radical responsibility: How to move beyond blame, fearlessly live your highest purpose and become an unstoppable force for good. Boulder, CO: Sounds True.

Mosso, A. (1891). La fatica. Milano: Fratelli Treves.

Muehsam, D., Lutgendorf, S., Mills, P. J., Rickhi, B., Chevalier, G., Bat, N., Chopra, D., Gurfein, B. (2017). The embodied mind: A review on functional genomic and neurological correlates of mind-body therapies. Neuroscience and Biobehavioral Reviews, 73, 165–181.

Neckel, S., Wagner, G. (2013). Leistung und Erschöpfung. Burnout in der Wettbewerbsgesellschaft. Frankfurt a. M.: Suhrkamp.

Neumann, K. E. (1957). Karl Eugen Neumanns Übertragungen aus dem Pāli-Kanon: Gesamtausgabe in drei Bänden (4. Aufl.). Zürich/Wien: Artemis Zsolnay.

Nhat Hanh, T. (1967). Vietnam: The lotus in the sea of fire. London: S. C. M. Press

Nhat Hanh, T. (1976). The miracle of mindfulness. A manual of meditation. Boston: Beacon Press (dt.: Das Wunder der Achtsamkeit. Zürich: Theseus, 1988).

Nhat Hanh, T. (1988). Das Sutra des bewussten Atmens. Berlin: Theseus.

Nhat Hanh, T. (1989). Die Sonne, mein Herz. Berlin: Theseus.

Nhat Hanh, T. (1999). Fragrant palm leaves. Journals 1962–1966. London: Palgrave.

Nhat Hanh, T. (2008). History of Engaged Buddhism: A Dharma talk by Thich Nhat Hanh. Human Architecture, 6 (3), 29.

Nhat Hanh, T. (1998). Nenne mich bei meinem wahren Namen. Meditative Texte und Gedichte. Freiburg: Herder.

Nishitani, K. (1982). Was ist Religion? Frankfurt a. M.: Insel.

Nyanaponika, M. (1952/2007). Geistestraining durch Achtsamkeit. Stammbach: Beyerlein & Steinschulte.

Nyanaponika, M. (1968). The power of mindfulness. Kandy: Buddhist Publication Society. http://www.buddhanet.net/pdf_file/powermindfulness.pdf (Zugriff 14.2.2022).

Nyanatiloka, M. (1927/2014). Buddhaghosa: Visuddhimagga, Der Weg zur Reinheit. https://www.theravadanetz.de/studium/VISUDDHIMAGGA_komprimiert.pdf (Zugriff am 29.11.2021).

Nyanatiloka, M. (1952/1983). Buddhistisches Wörterbuch. Konstanz: Christiani.

Olcott, H. St. (1886). A Buddhist catechism, according to the Sinhalese canon. Selbstverlag (dt.: Der Buddhistische Katechismus. Leipzig: Grieben, 1902).

Orsborn, M. (aka Shi Huifeng) (2014). Apocryphal treatment for Conze's heart problems: »Non-attainment«, »Apprehension« and »Mental Hanging« in the Prajñāpāramitā Hrdaya. Journal of the Oxford Center for Buddhist Studies, 7–105.

Ōtsu, R., Tsujimura, K. (1958). Der Ochs und sein Hirte: Eine altesche Zen-Geschichte. Neske: Pfullingen.

Ott, U. (2010). Meditation für Skeptiker. Ein Neurowissenschaftler erklärt den Weg zum Selbst. München: Barth.

Payson Call, A. (1890). Power through repose (Nachdruck der Ausgabe von 1898: Norderstedt: Hansebooks GmbH, 2017).

Piet, J., Hougaard, E. (2011). The effect of mindfulness-based cognitive therapy for prevention of relapse in recurrent major depressive disorder: A systematic review and meta-analysis. Clinical Psychology Review, 31 (6), 1032–1040.

Pine, R. (2005). The heart sutra. New York: Counterpoint.

Pirson, M., Langer, E. J., Zilcha, S. (2018). Enabling a Socio-cognitive perspective of mindfulness: The development and validation of the Langer Mindfulness Scale. Journal of Adult Development, 25, 168–185.

Plesser, T., Thamer, H.-U. (2012). Arbeit, Leistung und Ernährung. Vom Kaiser-Wilhelm-Institut für Arbeitsphysiologie in Berlin zum Max-Planck-Institut für Molekulare Physiologie und Leibniz Institut für Arbeitsforschung in Dortmund. Stuttgart: Franz Steiner.

Plum Village Community of Engaged Buddhism (Hrsg.) (2020). Das Leben und Wirken des Zen-Meisters Thich Nhat Hanh. Plum Village (Manuskript).

Purser, R. E. (2019). McMindfulness: How mindfulness became the new capitalist spirituality. London: Repeater.

Rabinbach, A. (2001). Motor Mensch. Kraft, Ermüdung und die Ursprünge der Moderne. Wien: Turia + Kant.

Reb, J., Allen, T., Vogus, T. J. (2020). Mindfulness arrives at work: Deepening our understanding of mindfulness in organizations. Organizational Behavior and Human Decision Processes, 159, 1–7.

Richtel, M. (2019). The latest military strategy: Mindfulness https://www.nytimes.com/2019/04/05/health/military-mindfulness-training.html.

Roeser, R., Schonert-Reichl, K. (Hrsg.) (2016). Handbook of mindfulness in education. Berlin Springer.
Rogers, C. R. (1942). Counseling and psychotherapy. Newer concepts in practice. Boston: Mifflin (dt.: Die praxisbezogene Darstellung der neuen psychotherapeutischen Methoden. München: Kindler, 1976).
Ronkin, N. (2005). Early Buddhist metaphysics. Abingdon: Taylor and Francis.
Rosa, H. (2016). Achtsamkeit löst die Probleme nicht. Interview mit Hartmut Rosa, geführt von E. Stratmann. https://ethik-heute.org/achtsamkeit-loest-unsere-probleme-nicht.
Roy, D. (2007). Momfulness. Mothering with mindfulness, compassion and grace. New York: J. Wiley & Sons.
Ruyter, N. L. C. (1999). The cultivation of body and mind in nineteenth-century American Delsartism. Westport, CT: Greenwood Press.
Samuels, G. (1995). Civilized Shamans. Buddhism in Tibetan societies. Washington D. C.: Smithsonian Books.
Saron, C. (2013). Training the mind – The Shamata Project. In A. Fraser (ed.), The healing power of deditation (pp. 45–65). Boston: Shamabala Publications.
Schlieter, J. (2017). Buddhist insight meditation (Vipassanā) and Jon Kabat-Zinn's »Mindfulness-based Stress Reduction«: An example of dedifferentiation of religion and medicine? Journal of Contemporary Religion, 32 (3), 447–463.
Schmidt, J. (2020). Achtsamkeit als kulturelle Praxis. Zu den Selbst-Welt-Modellen eines populären Phänomens. Bielefeld: transcript.
Schmidt, S. (2015). Der Weg der Achtsamkeit. Vom historischen Buddhismus zur modernen Bewusstseinskultur. In B. Hölzel, C. Brähler (Hrsg.), Achtsamkeit mitten im Leben. Anwendungsgebiete und wissenschaftliche Perspektiven (S. 21–42). München: O. W. Barth.
Schultz, J. H. (1932). Das autogene Training (konzentrative Selbstentspannung). Versuch einer klinisch-praktischen Darstellung. Leipzig: Thieme. (Neuauflage: Das Original-Übungsheft für das autogene Training. Anleitung vom Begründer der Selbstentspannung. 24. Aufl. Stuttgart: Trias, 2004).
Seager, R. H. (2012). Buddhism in America. New York: Columbia University Press.
Sedlmeier, P. (2016). Die Kraft der Meditation. Was die Wissenschaft darüber weiß. Reinbek: Rowohlt Polaris.
Segal, Z. V., Williams, J. M. G., Teasdale, J. D. (2001). Mindfulness-based cognitive therapy for depression: A new approach to preventing relapse. New York: The Guilford Press.
Selye, H. (1946). The General adaptation syndrome and the diseases of adaptation. Journal of Clinical Endocrinology, 6 (2), 119–131.
Selye, H. (1950). The physiology and pathology of exposure to stress, a treatise-based on the concepts of the general-adaptation-syndrome and the diseases of adaptation. Montreal: ACTA, Inc., Medical Publishers.
Shannon, W. Sh. (2019). Mind-Cure. How meditation became medicine. Oxford: Oxford University Press.

Shaw, S. (2021). Mindfulness: Where it comes from and what it means. Boulder, CO: Shambala.

Singer, T., Bolz, M. (2013). Mitgefühl. In Alltag und Forschung. Max-Planck-Gesellschaft zur Förderung der Wissenschaften e. V. www.compassion-training.org (Zugriff am 29.11.2021).

Singleton, M. (2005). Salvation through relaxation. Journal of Contemporary Religion, 20 (3), 289–304.

Singleton, O., Hölzel, B. K., Vangel, M., Brach, N., Carmody, J., Lazar, S. (2014), Change in brainstem gray matter concentration following a mindfulness-based intervention is correlated with improvement in psychological well-being. Frontiers in Human Neuroscience, 18, 8:33.

Spencer, H. (1883). The gospel of relaxation. In W. Godwin Moody, H. Spencer (eds.), Land and labor in the United States (pp. 276–285). New York: C. Scribner's sons.

Stanley, E. A, Jha, A. (2009). Mind fit: Improving operational effectiveness and building warrior resilience. https://www.army.mil/article/29549/mind_fitness_improving_operational_effectiveness_and_building_warrior_resilience (Zugriff am 29.11.2021).

Stanley, E. A., Schaldach, J. M. (2011). Mindfulness-based Mind Fitness Training (MMFT): A review. http://ronniestanglermd.com/mindfulness-based-mind-fitness-training-mmft-a-review/ (Zugriff am 29.11.2021).

Stanley, E. A., Schaldach, J. A., Kiyonaga, A., Jha, A. P. (2011). Mindfulness-based Mind Fitness Training: A case study of a high stress pre-deployment military cohort. Cognitive and Behavioral Practice, 18 (4), 566–576.

Stebbins, G. (1892). Dynamic breathing and harmonic gymnastics: A complete system of psychical, aesthetic and physical culture. New York: Werner.

Stiles, A. (2012). Go rest, young man. American Psychological Association, 43 (1), 32. https://www.apa.org/monitor/2012/01/go-rest (Zugriff am 29.11.2021).

Streeruwitz, M. (2021). Geschlecht. Zahl. Fall. Volesungen 2021. Frankfurt a. M.: S. Fischer.

Sujato, B. (2012). A history of mindfulness. How insight worsted tranquillity in the Satipaṭṭhāna Sutta, Kerikeri, N. Z., Santipada. http://santifm.org/santipada/wp-content/uploads/2012/08/A_History_of_Mindfulness_Bhikkhu_Sujato.pdf (Zugriff am 29.11.2021).

Suzuki, D. T. (1939). Die große Befreiung. Einführung in den Zen-Buddhismus. Leipzig: Weller.

Suzuki, S. (1993). Zen-Geist, Anfänger-Geist. Zürich: Theseus.

Tambiah, S. (1984). The Buddhist saints of the forest and the cult of amulets: A study in charisma, hagiography, sectarianism and millenial Buddhism. Cambridge: Cambridge University Press.

Tang, Y. Y., Hölzl, B. K., Posner, M. (2018). The neuroscience of mindfulness meditation. Nature Reviews Neuroscience, 16 (4), 213–225.

Theweleit, K. (2019). Männerphantasien. Berlin: Matthes & Seitz.

Thoelle, S. P. (2008). The mindful woman. Gentle practices for restoring calm, finding balance, and opening your heart. Oakland, CA: New Harbinger.

Tichy, H. E.(2018). Die Kunst präsent zu sein. Carl Rogers und das frühbuddhistische Verständnis von Meditation. München: Waxmann.

Tull, H. (2004). Karma. In S. Mittal (ed.), The Hindu world (pp. 309–331). New York: Routledge.

Ueda, S. (2011). Was ist Zen? In S. Ueda, Wer oder was bin ich? Zur Phänomenologie des Selbst im Buddhismus (S. 99–120). Freiburg: Alber.

Valtl, K. (2021). Achtsamkeit und sozial-emotionales Lernen. In Iwers, T., Rolff, C. (Hrsg.), Achtsamkeit in Bildungsprozessen. Professionalisierung und Praxis (S. 31–48). Wiesbaden: Springer Fachmedien Wiesbaden.

Varela, F. J., Thompson, E., Rosch, E. (2016). The embodied mind: Cognitive science and human experience Revised. Cambridge u. a.: MIT Press.

Vester, F. (1975). Denken, Lernen, Vergessen. Was geht in unserem Kopf vor, wie lernt das Gehirn, und wann läßt es uns im Stich? Stuttgart: DVA.

Vieten, C., Astin, J. (2008). Effects of a mindfulness-based intervention during pregnancy on prenatal stress and mood: Results of a pilot study. Archieves of Womens Mental Health, 11 (1), 67–74.

Vivekananda, S. (1896/1920). Raja-Yoga, or conquering the internal nature. Calcutta: Sri Gouranga Press.

Voderholzer, U. (2019). Die Dritte Welle der Verhaltenstherapie – Überlegenheit im Vergleich mit klassischer kognitiver Verhaltenstherapie. Verhaltenstherapie – Praxis Forschung Perspektiven, 29, 2, 77–79.

Vogus, T., Sutcliffe, K. (2013). Organizational mindfulness and mindful organizing: A reconciliation and path forward. Academy of Management Learning and Education, 11 (4), 722–735.

Vugrin, F. (2021). Mindful durch die Krise. https://jacobin.de/artikel/mindfulness-achtsamkeit-meditation-apps-headspace-netflix/ (Zugriff am 29.11.2021).

Waal, F. B. M. de, Hornung, C. (2020). Mamas letzte Umarmung: Die Emotionen der Tiere und was sie über uns Menschen verraten. Stuttgart: Klett-Cotta.

Waddell, N. (1988). Bankei Eitaku: Die Zen-Lehre vom Ungeborenen. München: O. W. Barth.

Walsh, R. (1980). The consciousness disciplines and the behavioral sciences: Questions of comparison and assessment. American Journal of Psychiatry, 137 (6), 663–673.

Weber, A. M. (o. J.). Jenseits von Achtsamkeit. Schritte in die Geistesgegenwart. Unveröffentlichtes Manuskript.

Weber, A. M. (2009). Achtsamkeit – ein Begriff zwischen den Welten. Teil 1 – Zur Psychologie buddhistischer Geistesgegenwart. Transpersonale Psychologie und Psychotherapie, 15, 2, 71–82.

Weber, A. M. (2010). Achtsamkeit – ein Begriff zwischen den Welten. Teil 2 – Buddhistische Geistesgegenwart in therapeutischer Praxis. Transpersonale Psychologie und Psychotherapie, 16, 1, 61–73.

Weber, M. (2019). Psychophysik der industriellen Arbeit. Aufsätze 1908–1912. Max Weber-Gesamtausgabe. Hrsg. von W. Schluchter, in Zusammenarb. mit S. Frommer. Bd. 1/11. Tübingen: Mohr Siebeck.
Weiss, H., Harrer, M., Dietz, T. (2010). Das Achtsamkeits-Buch. Stuttgart: Klett-Cotta.
Wessel, M. S. (2009). Die Konstruktion des Neuen Menschen in der sozialistischen Revolution – Wissenschaften vom Neuen Menschen im revolutionären Russland. In W. Vossenkuhl (Hrsg.), Ecce Homo! Menschenbild – Menschenbilder (S. 66–86). Stuttgart: Kohlhammer.
Wilber, K. (2015). Integral meditation: Mindfulness as a way to grow up, wake up, and show up in your life. Boulder, CO: Shambala (dt.: Integrale Meditation: wachsen, erwachen und innerlich frei werden. München: O. W. Barth, 2017).
Williams, M. G., Kabat-Zinn, J. (2013). Mindfulness. Diverse perspectives on its meaning, origins and applications. London, New York: Routledge (dt.: Achtsamkeit. Ihre Wurzeln, ihre Früchte, Freiburg Arbor, 2013).
Wilson, K. (2010). Tranquilista: Mastering the art of enlightened work and mindful play. Novato, CA, New World Library.
Wilson, J. (2014). Mindful America: The mutual transformation of Buddhist meditation and American culture. Cambridge: Oxford University Press.
Winter, B. (1981). Relax and win. Championship performance in whatever you do. San Diego: Barnes.
Witkiewitz, K., Marlatt, A. G., Walker, D. (2005). Mindfulness-based relapse prevention for alcohol and substance use disorders. Journal of Cognitive Psychotherapy, 19 (3), 211–228.
Wundt, W. (1911). Einführung in die Psychologie. Leipzig: Voigtländers.
Zamariola, G., Frost, N., van Oost, A., Corneille, O., Luminet, O. (2019). Relationship between interoception and emotion regulation: New evidence from mixed methods. Journal of Affective Disorders, 246, 480–485.
Zimmermann, F. (2018). Achtsamkeitstraining und Wassershiatsu als rehabilitative Maßnahmen für einsatzbedingten Stress bei Bundeswehrsoldaten. München: Dissertation, LMU München, Medizinische Fakultät.
Žižek, S. (2006). The prospects of radical politics today. In S. Žižek. The universal exception. Vol. 2: Selected writings (pp. 237–258). London: Bloomsbury Publishing PLC.

Übersetzungen buddhistischer Texte

Eine umfangreiche Sammlung neuerer englischer Übersetzungen sehr vieler Pali-Sutren findet sich auf https://www.accesstoinsight.org/ (Zugriff am 29.11.2021).
Aṅguttara-Nikāya: Nyânatiloka Mahâthera (2013). Die Lehrreden des Buddha aus der Angereihten Sammlung. Stammbach: Beyerlein-Steinschulte.
Majjhima Nikāya. Kay Zumwinkel (Übers.) (2012). Majjhima Nikaya. Die Reden des Buddha aus der Mittleren Sammlung (2. Aufl.). Uttenbühl: Jhana.

Saṃyutta Nikāya (1997). Die Reden des Buddha. Gruppierte Sammlung. Übers. von W. Geiger, Nyanaponika Mahathera, H. Hecker. Stammbach: Beyerlein-Steinschulte.

Sutta-Nipata: Nyanaponika Mahathera (1996). Sutta-Nipata. Frühbuddhistische Lehrdichtungen. Stammbach: Beyerlein-Steinschulte.

Lieder der Mönche und Nonnen: Norman, K. R. (1995). The Elders' Verses: 1: Theragāthā. repr. ed. London Pali Text Society; (2015). The elders' verses: 2: Therīgāthā 2. ed., repr. Lancaster: Pali Text Society.

Udāna (1920). Udana. Das Buch der feierlichen Worte des Erhabenen. Eine kanonische Schrift des Pali-Buddhismus. In erstmaliger deutscher Übersetzung von K. Seidenstücker aus dem Urtext. München-Neubiberg Schloss.

Die Reden des Buddha (2015). Sammlungen in Versen. Die Sammlung der Bruchstücke (Sutta Nipāta) – Die Lieder der Mönche und Nonnen (Theragāthā/Therīgāthā) – Der Wahrheitspfad (Dhammapadam). Übers. von K. E. Neumann. Stammbach: Beyerlein-Steinschulte.